中学基礎がため100%

できた！
中3英語

単語・読解

KUM♥N

「単語・読解」「文法」を相互に関連づけられる2冊構成

本シリーズは，十分な学習量によるくり返し学習を大切にしているので，「単語・読解」「文法」の
2冊構成となっています。「単語・読解」を完全なものにするためにも2冊そろえての学習をおすすめします。

1 左ページで単語・熟語を書いて練習　　… 1ページで15の単語・熟語を練習します。

2 右ページで読解練習　　… 練習した単語・熟語をもとに，右ページで読解練習をします。

STEP1 ●基礎 …必ず覚えておきたい基本的な単語・熟語
STEP2 ●中級 …よく使われる単語・熟語
STEP3 ●上級 …覚えておくと便利な単語・熟語

下の欄から，その単語・熟語に対応する意味を書き込みましょう。
□…しっかり覚えたら，チェックを入れましょう。

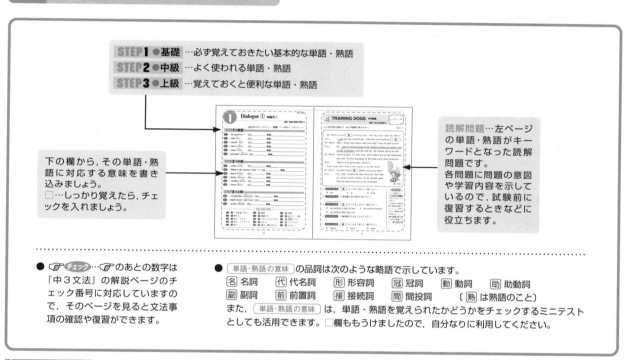

読解問題…左ページの単語・熟語がキーワードとなった読解問題です。
各問題に問題の意図や学習内容を示しているので，試験前に復習するときなどに役立ちます。

● **チェック** …☞のあとの数字は『中3文法』の解説ページのチェック番号に対応していますので，そのページを見ると文法事項の確認や復習ができます。

● 単語・熟語の意味 の品詞は次のような略語で示しています。
名 名詞　　代 代名詞　　形 形容詞　　冠 冠詞　　動 動詞　　助 助動詞
副 副詞　　前 前置詞　　接 接続詞　　間 間投詞　　〔熟 は熟語のこと〕
また，単語・熟語の意味 は，単語・熟語を覚えられたかどうかをチェックするミニテストとしても活用できます。□欄ももうけましたので，自分なりに利用してください。

まとめのテスト … セクション全体をまとめて復習するテストです。

総合テスト … 1年分の確認テストです。1年間の成果を試しましょう。

🔊 **STEP1～3の単語・熟語と，□内の英文の音声を聞くことができます。**
各ページを学習しながら，または学習した後に，音声を確認するようにしましょう。音声を聞くこと，さらに音読することで，学習効果が高まります。

音声の聞き方

1. 音声アプリ きくもん **をダウンロード**

・くもん出版アプリガイドページへ
　➡ 各ストアからダウンロード

シリアルコード **9784774331140**

2. くもん出版のサイトから，
　音声ファイルをダウンロード

＼ テスト前に，4択問題で最終チェック！ ／

 4択問題アプリ「中学基礎100」

・くもん出版アプリガイドページへ
　➡ 各ストアからダウンロード

「中3英語 単語・読解」パスワード **2534927**

＊「きくもん」，「中学基礎100」アプリは無料ですが，ネット接続の際の通話料金は別途発生いたします。

もくじ

中3 英語　単語・読解編

1 次の英語は日本語に，日本語は英語になおしなさい。　　　　　（2点×18）

(1) teach （　　　　　）　　(2) speak （　　　　　）

(3) job （　　　　　）　　(4) building （　　　　　）

(5) parent （　　　　　）　　(6) advice （　　　　　）

(7) late （　　　　　）　　(8) really （　　　　　）

(9) 理解する ＿＿＿＿＿＿　　(10) 夢 ＿＿＿＿＿＿

(11) 住所 ＿＿＿＿＿＿　　(12) 生徒，学生 ＿＿＿＿＿＿

(13) ゆっくりと ＿＿＿＿＿＿　　(14) 感じる ＿＿＿＿＿＿

(15) 今夜 ＿＿＿＿＿＿　　(16) 飛ぶ ＿＿＿＿＿＿

(17) 思い出す ＿＿＿＿＿＿　　(18) コーヒー ＿＿＿＿＿＿

2 次の AB と CD の関係がほぼ同じになるように，D に適語を入れなさい。　（2点×6）

	A	B	C	D
(1)	right	write	see	＿＿＿＿＿
(2)	say	said	think	＿＿＿＿＿
(3)	enter	entrance	live	＿＿＿＿＿
(4)	use	useful	die	＿＿＿＿＿
(5)	young	younger	good	＿＿＿＿＿
(6)	Japan	Japanese	France	＿＿＿＿＿

3 次の語群を，日本文に合うように並べかえなさい。　　　　　（6点×2）

(1) あなたは明日そのパーティーに行かなければならないでしょう。

(to / to / party / will / you / go / have / the / tomorrow / .)

＿＿＿＿＿＿＿＿＿＿＿＿＿＿＿＿＿＿＿＿＿＿＿＿＿＿

(2) 私の姉は音楽を勉強するためにイタリアへ行きました。

(to / to / my / music / Italy / went / study / sister / .)

＿＿＿＿＿＿＿＿＿＿＿＿＿＿＿＿＿＿＿＿＿＿＿＿＿＿

4 次の英文を読んで，あとの設問に答えなさい。 (40点)

Taro goes to junior high school in the United States. He lives with his ❶family in a small town near New York City. ❷They came to the United States from Japan a few months ago. His father works for a Japanese company in New York City.

When he was in Japan, Taro watched a football game on TV. It was very exciting. He is now interested ❸ football.

Last Wednesday, in a cafeteria, Taro spoke to his best friend, Bob.

"Bob, I have something ❹ you. Which is ❺ popular here, baseball or football?"

"Football," said Bob. "It is a very exciting game to watch. Did you ever see a football game, Taro?"

"Only on TV."

"Then, my father will ❻take you to a football game next week. He likes football very much," said Bob.

Taro was very happy when he ❼(hear) that.

[注] exciting：わくわくさせる

cafeteria：(セルフサービスの)カフェテリア

🔊 5

(1) 下線部❶の語の複数形を書きなさい。 ＿＿＿＿＿＿ (4点)

(2) 下線部❷を日本文になおしなさい。 (6点)

(）

(3) ❸ にあてはまる前置詞を書きなさい。 ＿＿＿＿＿＿ (6点)

(4) ❹ にあてはまる語句を次から1つ選びなさい。 (6点)

ア ask イ to ask ウ asked エ asking

(5) ❺ にあてはまる語を次から1つ選びなさい。 (6点)

ア much イ better ウ more エ most

(6) 下線部❻の語の過去形を書きなさい。 ＿＿＿＿＿＿ (6点)

(7) ❼の（ ）内の語を適切な形にかえなさい。 ＿＿＿＿＿＿ (6点)

5

グレード1・2 の復習テスト(2)

解答は別冊 P.2・3

1 次の英語は日本語に，日本語は英語になおしなさい。　　　　　　　　　（2点×18）

(1) vegetable （　　　　　　　） (2) without （　　　　　　　）

(3) money （　　　　　　　） (4) sea （　　　　　　　）

(5) dictionary （　　　　　　　） (6) leave （　　　　　　　）

(7) passenger （　　　　　　　） (8) road （　　　　　　　）

(9) 楽しむ ＿＿＿＿＿＿ (10) 食べ物 ＿＿＿＿＿＿

(11) 送る ＿＿＿＿＿＿ (12) 着く ＿＿＿＿＿＿

(13) 見つける ＿＿＿＿＿＿ (14) 動物 ＿＿＿＿＿＿

(15) 開いた ＿＿＿＿＿＿ (16) 明日 ＿＿＿＿＿＿

(17) 部屋 ＿＿＿＿＿＿ (18) 訪ねる ＿＿＿＿＿＿

2 次の **AB** と **CD** の関係がほぼ同じになるように，**D** に適語を入れなさい。　（2点×6）

	A	B	C	D
(1)	beautiful	beautifully	easy	＿＿＿＿＿
(2)	come	go	buy	＿＿＿＿＿
(3)	brother	sister	son	＿＿＿＿＿
(4)	come	came	sit	＿＿＿＿＿
(5)	morning	a.m.	afternoon	＿＿＿＿＿
(6)	small	large	early	＿＿＿＿＿

3 次の語群を，日本文に合うように並べかえなさい。　　　　　　　　　　（6点×2）

(1) 私はそのときあなたの絵を見ていたのではありません。

(not / then / your / looking / I / picture / was / at / .)

＿＿＿＿＿＿＿＿＿＿＿＿＿＿＿＿＿＿＿＿＿＿

(2) 2，3日前には，地面にはほとんど雪がありませんでした。

(few / little / a / there / days / snow / was / ground / on / the / ago / .)

＿＿＿＿＿＿＿＿＿＿＿＿＿＿＿＿＿＿＿＿＿＿

4 次の英文を読んで，あとの設問に答えなさい。 (40点)

Once there was a ❶young parrot on a mountain. He liked imitating the voices of animals very much.

One day he imitated the voice of a lion. When some animals around him heard this, they were very surprised and ran away. "Oh, that was good! I love surprising others!" ❷thought the young parrot. His voice became bigger and bigger. So all the animals on the mountain ran away together from the voice. Just then the young parrot heard the voice of a lion. He thought a big lion was coming up to him. "Oh! A lion is coming to catch me! Help! Help!" But there were no friends to help him. He was alone. So the parrot flew away from the mountain.

Later, the young parrot told an old parrot about the story. The old parrot smiled and said, "You only heard the echo of your own voice. Now listen, don't surprise others. ❸If you don't stop doing such a thing, your friends will all go away."

[注] once：かつて　　parrot：オウム　　imitate：まねる　　surprise：驚かす
　　flew：fly の過去形　　echo：こだま　　own：自分自身の　　🔊 7

(1) 下線部❶の語の反意語を文中から書き出しなさい。 ＿＿＿＿＿＿ (4点)

(2) 下線部❷の語の原形(もとの形)を書きなさい。 ＿＿＿＿＿＿ (6点)

(3) 下線部❸を日本文になおしなさい。 (6点)

(　　　　　　　　　　　　　　　　　　　　　　　　　　　　　　　　　　)

(4) 本文の内容と合うものには○，合わないものには×をつけなさい。 (6点×4)

　ア〔　　〕 Every animal on the mountain started to imitate a lion's voice like the young parrot.

　イ〔　　〕 A big lion came to the mountain and tried to catch the young parrot.

　ウ〔　　〕 The young parrot flew away because he thought a lion was coming near.

　エ〔　　〕 The old parrot said that a big lion lived on the mountain.

7

グレード1・2 の復習テスト(3)

解答は別冊 P.3

1 次の英語は日本語に，日本語は英語になおしなさい。　　　　　　　　（2点×18）

(1) education （　　　　　　　） (2) safe （　　　　　　　）

(3) touch （　　　　　　　） (4) choose （　　　　　　　）

(5) clothes （　　　　　　　） (6) wrong （　　　　　　　）

(7) believe （　　　　　　　） (8) enough （　　　　　　　）

(9) 機会 ＿＿＿＿＿＿＿ (10) 世界 ＿＿＿＿＿＿＿

(11) 部分，一部 ＿＿＿＿＿＿＿ (12) 健康 ＿＿＿＿＿＿＿

(13) 庭，庭園 ＿＿＿＿＿＿＿ (14) お金 ＿＿＿＿＿＿＿

(15) 招く ＿＿＿＿＿＿＿ (16) 池 ＿＿＿＿＿＿＿

(17) 問題，課題 ＿＿＿＿＿＿＿ (18) 娘 ＿＿＿＿＿＿＿

2 次の **AB** と **CD** の関係がほぼ同じになるように，**D** に適語を入れなさい。　（2点×6）

	A	B	C	D
(1)	right	write	no	＿＿＿＿＿
(2)	tall	taller	early	＿＿＿＿＿
(3)	eat	ate	break	＿＿＿＿＿
(4)	cheap	expensive	near	＿＿＿＿＿
(5)	father	mother	man	＿＿＿＿＿
(6)	60 seconds	one minute	60 minutes	one ＿＿＿＿＿

3 次の語群を，日本文に合うように並べかえなさい。　　　　　　　　　（6点×2）

(1) 彼女は今朝楽しそうに見えませんでした。

(morning / she / happy / look / this / didn't / .)

＿＿＿＿＿＿＿＿＿＿＿＿＿＿＿＿＿＿＿＿＿＿＿

(2) 私はそれを聞いて驚きました。

(was / to / that / I / surprised / hear / .)

＿＿＿＿＿＿＿＿＿＿＿＿＿＿＿＿＿＿＿＿＿＿＿

4 次の英文はアメリカのある町のラジオ局が，その町に滞在中の日本人高校生について取り上げたニュースの一部です。これを読んで，あとの設問に答えなさい。 (10点×4)

Good afternoon, everyone. Today, we'll tell you about the high school students from Japan. A teacher and thirteen students are visiting our town. This is their first visit to America. The students are staying with the families of some Blue Lake High School students. At Blue Lake, they study English in the morning. In the afternoon, they play sports or talk about Japanese culture with the people in our town.

Now, we'll tell you about one of the Japanese students, Mayumi. She is staying with Sally Baker and her parents. Yesterday, we visited Mayumi to ask her about life in our town. She said, "When I came here, my life was not easy, but now it's wonderful! Everything in this town is so exciting to me! All the people here are very nice to me. When they see me, they always smile and say, 'Hi!' or 'Hello!' Then I smile back and say, 'Hi!' too. I love this town."

Tomorrow, Blue Lake High School will have a special class. The Japanese students will join the class and talk about their school life in Japan. If you want to join the class, please call Blue Lake High School and ask. ◀)) 9

◎ 次の質問に，(a)・(b)は適切な答えを選び，(c)は英文で，(d)は日本語で答えなさい。

(a) How many Japanese students are staying with Blue Lake High School students' families?

　　ア 13.　　　　イ 14.　　　　ウ 30.　　　　エ 31.

(b) How does Mayumi feel about the town?

　　ア She feels bad.　　　　　　イ She says it is not exciting.

　　ウ She likes it very much.　　エ She says it's boring.

(c) What will Japanese students do in the special class at Blue Lake High School?

　　＿＿＿＿＿＿＿＿＿＿＿＿＿＿＿＿＿＿＿＿＿＿＿＿＿＿＿＿

(d) 明日の特別授業に出たい人はどうすればいいと言っていますか。

　　（　　　　　　　　　　　　　　　　　　　　　　　　　　）

Dialogue ① 対話文①

単語・熟語の解説は別冊 **P.4**

意味 意味を書いてみましょう。**練習** つづりの練習をして覚えましょう。

STEP1 ●基礎

1 □ **have to ～**　　意味＿＿＿＿＿＿　**練習**＿＿＿＿＿＿＿＿＿＿＿

2 □ **worry** [ワーリィ wə́ːri]　意味＿＿＿＿＿＿　**練習**＿＿＿＿＿＿＿＿＿＿＿

3 □ **together** [トゥゲザァ təɡéðər] 意味＿＿＿＿＿＿　**練習**＿＿＿＿＿＿＿＿＿＿＿

4 □ **before** [ビフォーァ bifɔ́ːr]　意味＿＿＿＿＿＿　**練習**＿＿＿＿＿＿＿＿＿＿＿

5 □ **lunch** [ランチ lʌ́ntʃ]　意味＿＿＿＿＿＿　**練習**＿＿＿＿＿＿＿＿＿＿＿

6 □ **then** [ゼン ðén]　　意味＿＿＿＿＿＿　**練習**＿＿＿＿＿＿＿＿＿＿＿

STEP2 ●中級

7 □ **I hear ～**　　意味＿＿＿＿＿＿　**練習**＿＿＿＿＿＿＿＿＿＿＿

8 □ **plan** [プラン plǽn]　意味＿＿＿＿＿＿　**練習**＿＿＿＿＿＿＿＿＿＿＿

9 □ **ticket** [ティケット tíkit]　意味＿＿＿＿＿＿　**練習**＿＿＿＿＿＿＿＿＿＿＿

10 □ **I hope ～**　　意味＿＿＿＿＿＿　**練習**＿＿＿＿＿＿＿＿＿＿＿

11 □ **take care of ～** 意味＿＿＿＿＿＿　**練習**＿＿＿＿＿＿＿＿＿＿＿

12 □ **perfect** [パーフェクト pə́ːrfikt] 意味＿＿＿＿＿＿　**練習**＿＿＿＿＿＿＿＿＿

13 □ **stadium** [ステイディアム stéidiəm] 意味＿＿＿＿＿＿　**練習**＿＿＿＿＿＿＿＿＿

STEP3 ●上級

14 □ **I'd love to.**　　意味＿＿＿＿＿＿　**練習**＿＿＿＿＿＿＿＿＿＿＿

15 □ **See you then.**　意味＿＿＿＿＿＿　**練習**＿＿＿＿＿＿＿＿＿＿＿

▼▲▼▲▼▲▼▲▼▲▼▲▼▲▼▲▼▲ 単語・熟語の意味 ▼▲▼▲▼▲▼▲▼▲▼▲▼▲▼▲

- **1** □熟 ～しなければならない
- **2** □動 心配する
- **3** □副 いっしょに
- **4** □前 ～の前に
- **5** □名 昼食，弁当
- **6** □副 それでは，そのとき
- **7** □熟 ～だそうだ
- **8** □名 計画，案
- **9** □名 切符，チケット
- **10** □熟 ～だといい
- **11** □熟 ～の世話をする
- **12** □形 完ぺきな，完全な
- **13** □名 スタジアム，球場
- **14** □熟 （ぜひ）～したい
- **15** □熟 それではまた。

1 NEXT SUNDAY 今度の日曜日

解答・考え方は別冊 P.4

☆☆次の英文を読んで，あとの設問に答えなさい。　　　　　　　　　　　　（20点×5）

Miki : Hi, Mack. I hear you really love baseball. Is that true?

Mack : That's right. But I have never seen a baseball game in Japan.

Miki : ❶Do you have any plans for next Sunday afternoon?

Mack : You mean ....

Miki : Yes! I have two tickets for a baseball game. I hope you can come with me.

Mack : I'd love to. ❷But I have to take care of my dogs in the morning. I'll walk them in the park.

Miki : ❸Don't worry. The game starts at two o'clock.

Mack : That's perfect.

Miki : Great! Can we have lunch together before the game?

Mack : No problem. Let's have lunch in a restaurant near the stadium.

Miki : Then I'll come to your house about one o'clock. Is that OK?

Mack : Sure. Thank you. See you then.

🔊 11

(1) 【不定詞の用法】　下線部❶とほぼ同じ内容を表すように，空所に1語ずつ補いなさい。

Do you have anything ＿＿＿＿＿＿ ＿＿＿＿＿＿ next Sunday afternoon?

(2) 【熟語の知識】　下線部❷を日本文になおしなさい。

（　　　　　　　　　　　　　　　　　　　　　　　　　　　）

(3) 【内容の理解】　下線部❸で「心配しないで」と美紀が言う理由は何ですか。日本語で答えなさい。

（　　　　　　　　　　　　　　　　　　　　　　　　　　　）

(4) 【内容の理解】　次の質問に英文で答えなさい。

(a) Where will Miki and Mack have lunch next Sunday?

＿＿＿＿＿＿＿＿＿＿＿＿＿＿＿＿＿＿＿＿＿＿＿＿＿＿

(b) What time will Miki go to Mack's house next Sunday?

＿＿＿＿＿＿＿＿＿＿＿＿＿＿＿＿＿＿＿＿＿＿＿＿＿＿

◇◎ポイント◎◇

(1)形容詞的用法の不定詞を使う。
☞チェック14

(2)have to ～，take care of ～の意味は？
◀左ページを見よ

(3)直後の文に注目する。

(4)(a)「美紀とマックは今度の日曜日にどこで昼食を食べますか」

(b)「美紀は今度の日曜日に何時にマックの家に行きますか」

Dialogue ① 対話文①

単語・熟語の解説は別冊 P.4・5

意味 意味を書いてみましょう。 練習 つづりの練習をして覚えましょう。

STEP1 ●基礎

1 □ month [mʌ́nθ] マンス   意味＿＿＿＿＿＿ 練習＿＿＿＿＿＿＿＿＿＿

2 □ This is ～.   意味＿＿＿＿＿＿ 練習＿＿＿＿＿＿＿＿＿＿

3 □ since [síns] スィンス   意味＿＿＿＿＿＿ 練習＿＿＿＿＿＿＿＿＿＿

4 □ leave [líːv] リーヴ   意味＿＿＿＿＿＿ 練習＿＿＿＿＿＿＿＿＿＿

5 □ news [n(j)úːz] ヌーズ   意味＿＿＿＿＿＿ 練習＿＿＿＿＿＿＿＿＿＿

6 □ visit [vízit] ヴィズィット   意味＿＿＿＿＿＿ 練習＿＿＿＿＿＿＿＿＿＿

7 □ really [ríːəli] リーアリィ   意味＿＿＿＿＿＿ 練習＿＿＿＿＿＿＿＿＿＿

8 □ before [bifɔ́ːr] ビフォーァ   意味＿＿＿＿＿＿ 練習＿＿＿＿＿＿＿＿＿＿

9 □ again [əgén] アゲン   意味＿＿＿＿＿＿ 練習＿＿＿＿＿＿＿＿＿＿

STEP2 ●中級

10 □ on the phone   意味＿＿＿＿＿＿ 練習＿＿＿＿＿＿＿＿＿＿

11 □ culture [kʌ́ltʃər] カルチァァ   意味＿＿＿＿＿＿ 練習＿＿＿＿＿＿＿＿＿＿

12 □ free [fríː] フリー   意味＿＿＿＿＿＿ 練習＿＿＿＿＿＿＿＿＿＿

13 □ stay with ～   意味＿＿＿＿＿＿ 練習＿＿＿＿＿＿＿＿＿＿

STEP3 ●上級

14 □ What's up?   意味＿＿＿＿＿＿ 練習＿＿＿＿＿＿＿＿＿＿

15 □ look forward to ～   意味＿＿＿＿＿＿ 練習＿＿＿＿＿＿＿＿＿＿

▼▲▼▲▼▲▼▲▼▲▼▲▼▲▼▲▼▲ 単語・熟語の意味 ▼▲▼▲▼▲▼▲▼▲▼▲▼▲▼▲▼▲

1 □ 名 (暦の)月

2 □ 熟 〔電話で〕こちらは～です。

3 □ 接 ～以来

4 □ 動 去る，離れる

5 □ 名 ニュース，知らせ

6 □ 動 訪ねる，訪問する

7 □ 副 本当に

8 □ 接 ～する前に

9 □ 副 再び，また

10 □ 熟 電話で

11 □ 名 文化

12 □ 形 自由な，ひまな

13 □ 熟 ～(人のところに)滞在する

14 □ 熟 どうしたのですか。

15 □ 熟 ～を楽しみに待つ

2 ON THE PHONE 電話で

解答・考え方は別冊 **P.5**

☆☆次の英文を読んで，あとの設問に答えなさい。　　　　　　　　　（20点×5）

> *Emma is an American high school student.　She is talking with Emi on the phone.　Emi is a high school student in Yokohama, and she studied at Emma's school for ten months last year.*
>
> *Emma :* Hello.　This is Emma.　
>
> *Emi :*　　Speaking.　This is Emi.　We haven't talked since I ②(leave) New York last October. What's up?
>
> *Emma :* I have good news to tell you.　Some of my friends and I are ③(go) to visit Yokohama.
>
> *Emi :*　　Oh, really?　When?
>
> *Emma :* In August.　We'll visit some schools and talk with students about each country's culture.　I have some free time before I visit the schools.　Can I visit you?
>
> *Emi :*　　Sure.　Please stay with us if you can.
>
> *Emma :* Thank you for ④(say) so.　I think I can stay with you for two days. I'm looking forward to seeing you again.
>
> 🔊 13

(1) 内容の理解　**①**　にあてはまる文を1つ選びなさい。

　　ア　May I help you?　　　イ　Can you help me?

　　ウ　Will you come here?　エ　May I speak to Emi?

(2) 動名詞など　②～④の（　）内の語を適する形にかえなさい。

　　②　＿＿＿＿＿＿　　　　③　＿＿＿＿＿＿

　　④　＿＿＿＿＿＿

(3) 内容の理解　本文の内容と合うものを1つ選びなさい。

　　ア　Emi is going to America to see Emma in August.

　　イ　Emma is going to visit Yokohama and stay with Emi's family in August.

　　ウ　Emma's family is coming to Yokohama with her.

◯ポイント◯

(1) 次の絵美の Speaking. はどういう意味かを考える。

(2)② 現在完了の since のあとの時制は？

③「～するつもりだ」☞ チェック**35**

④前置詞のあとに続く形は？☞ チェック**13**

(3)主語と動詞の内容に注意して読んでみよう。

13

Dialogue ① 対話文①

単語・熟語の解説は別冊 P.5

意味 意味を書いてみましょう。 練習 つづりの練習をして覚えましょう。

STEP1 ●基礎

1 ☐ **get up** 　意味＿＿＿＿＿＿ 練習＿＿＿＿＿＿＿＿

2 ☐ **early** [ə́ːrli] アーリィ 　意味＿＿＿＿＿＿ 練習＿＿＿＿＿＿＿＿

3 ☐ **after** [ǽftər] アフタァ 　意味＿＿＿＿＿＿ 練習＿＿＿＿＿＿＿＿

4 ☐ **under** [ʌ́ndər] アンダァ 　意味＿＿＿＿＿＿ 練習＿＿＿＿＿＿＿＿

5 ☐ **sad** [sǽd] サッド 　意味＿＿＿＿＿＿ 練習＿＿＿＿＿＿＿＿

6 ☐ **clean** [klíːn] クリーン 　意味＿＿＿＿＿＿ 練習＿＿＿＿＿＿＿＿

STEP2 ●中級

7 ☐ **go on a picnic** 　意味＿＿＿＿＿＿ 練習＿＿＿＿＿＿＿＿

8 ☐ **sunny** [sʌ́ni] サニィ 　意味＿＿＿＿＿＿ 練習＿＿＿＿＿＿＿＿

9 ☐ **expect** [ikspékt] イクスペクト 意味＿＿＿＿＿＿ 練習＿＿＿＿＿＿＿＿

10 ☐ **have a good time** 意味＿＿＿＿＿＿ 練習＿＿＿＿＿＿＿＿

11 ☐ **all over ～** 　意味＿＿＿＿＿＿ 練習＿＿＿＿＿＿＿＿

12 ☐ **You are right.** 意味＿＿＿＿＿＿ 練習＿＿＿＿＿＿＿＿

STEP3 ●上級

13 ☐ **badminton** [bǽdmintən] バドミントン 意味＿＿＿＿＿＿ 練習＿＿＿＿＿＿＿＿

14 ☐ **some ～ others ...** 意味＿＿＿＿＿＿ 練習＿＿＿＿＿＿＿＿

15 ☐ **litter** [lítər] リタァ 意味＿＿＿＿＿＿ 練習＿＿＿＿＿＿＿＿

▼▲▼▲▼▲▼▲▼▲▼▲▼▲▼▲▼▲ （ 単語·熟語の意味 ） ▼▲▼▲▼▲▼▲▼▲▼▲▼▲

1 ☐熟 起きる　　　　　6 ☐形 きれいな　動 きれいにする　　11 ☐熟 ～じゅう(すべて)

2 ☐副 早く　　　　　　7 ☐熟 ピクニックに出かける　　12 ☐熟 その通り。

3 ☐前 ～のあとで[に]　8 ☐形 晴れた　　　　　　　　13 ☐名 バドミントン

4 ☐前 ～の下に[の,を,へ]　9 ☐動 期待する　　　　　　14 ☐熟 ~する人もいれば…する人もいる

5 ☐形 悲しい　　　　　10 ☐熟 楽しい時を過ごす　　　15 ☐名 ごみ，くず

▼▲

3 CLEAN PARKS きれいな公園

解答・考え方は別冊 P.5・6

☆☆次の英文を読んで，あとの設問に答えなさい。

Mary : Hello, Taro. What did you do yesterday?

Taro : I got up early in the morning. And I studied English for an hour. After that I went on a picnic in the park with my family.

Mary : How ❶ (the park / you / go / did / to)?

Taro : Well, we went there by bus.

Mary : It was sunny yesterday, so I expect ❷ (had / you / good / a / time).

Taro : Yes, we did. After lunch I played badminton with my sister. My father and mother were sitting under a tree. They were watching us. And there were many other people in the park. Some were having their lunch and ❸ were enjoying sports. But I was very ❹ , because the park was not so clean. There was litter all over the park.

Mary : Oh, is that so? Some of the parks in America are not clean, ❺ .

Taro : Really? We must take care of the places people visit.

Mary : I think ❻ , too.

Taro : Each of us should do something ❼ clean the parks.

Mary : You are right.

🔊 15

(1) 熟語の知識 ❶・❷の（ ）内の語句を正しく並べかえなさい。

(20点×2)

❶ How _____ ?

❷ I expect _____ .

(2) 総合理解 ❸ ～ ❼ にあてはまる語をア～コから1つずつ選びなさい。

(12点×5)

❸〔 　〕 ❹〔 　〕 ❺〔 　〕 ❻〔 　〕 ❼〔 　〕

ア into　イ one　ウ to　　エ for　オ either

カ happy　キ sad　ク others　ケ as　コ so

ポイント

(1)❶過去形の疑問文。

❷「楽しい時を過ごす」はどう言うのか。

◀左ページを見よ

(2)❸「～する人もいれば…する人もいる」

◀左ページを見よ

❺否定文に注意。too ではない。

❼不定詞にして表す。

15

Dialogue ① 対話文①

単語・熟語の解説は別冊 P.6

意味 意味を書いてみましょう。練習 つづりの練習をして覚えましょう。

STEP1●基礎

1 □ **be good at ～**　　意味＿＿＿＿＿＿＿　練習＿＿＿＿＿＿＿＿

2 □ **fall** [fɔ́:l]　　意味＿＿＿＿＿＿＿　練習＿＿＿＿＿＿＿＿

3 □ **shout** [ʃáut]　　意味＿＿＿＿＿＿＿　練習＿＿＿＿＿＿＿＿

4 □ **idea** [aidí:ə]　　意味＿＿＿＿＿＿＿　練習＿＿＿＿＿＿＿＿

5 □ **wait** [wéit]　　意味＿＿＿＿＿＿＿　練習＿＿＿＿＿＿＿＿

6 □ **ground** [gráund]　　意味＿＿＿＿＿＿＿　練習＿＿＿＿＿＿＿＿

STEP2●中級

7 □ **train** [tréin]　　意味＿＿＿＿＿＿＿　練習＿＿＿＿＿＿＿＿

8 □ **What's the matter with ～?**　　意味＿＿＿＿＿＿＿　練習＿＿＿＿＿＿＿＿

9 □ **bark** [bá:rk]　　意味＿＿＿＿＿＿＿　練習＿＿＿＿＿＿＿＿

10 □ **jump** [dʒʌ́mp]　　意味＿＿＿＿＿＿＿　練習＿＿＿＿＿＿＿＿

11 □ **clothes** [klóuz]　　意味＿＿＿＿＿＿＿　練習＿＿＿＿＿＿＿＿

12 □ **later** [léitər]　　意味＿＿＿＿＿＿＿　練習＿＿＿＿＿＿＿＿

STEP3●上級

13 □ **clothesline** [klóuzlàin]　　意味＿＿＿＿＿＿＿　練習＿＿＿＿＿＿＿＿

14 □ **bath towel** [bǽθ tàuəl]　　意味＿＿＿＿＿＿＿　練習＿＿＿＿＿＿＿＿

15 □ **scold** [skóuld]　　意味＿＿＿＿＿＿＿　練習＿＿＿＿＿＿＿＿

▼▲▼▲▼▲▼▲▼▲▼▲▼▲▼▲▼▲（ 単語・熟語の意味 ）▼▲▼▲▼▲▼▲▼▲▼▲▼▲▼▲▼

1 □ 熟 ～が得意である　　6 □ 名 地面　　11 □ 名 衣服

2 □ 動 落ちる　　7 □ 動 訓練する　　12 □ 副 あとで，～後

3 □ 動 叫ぶ，どなる　　8 □ 熟 ～はどうしたのですか。　　13 □ 名 洗濯ロープ

4 □ 名 考え，アイディア　　9 □ 動 ほえる　　14 □ 名 バスタオル

5 □ 動 待つ　　10 □ 動 跳ぶ，跳びはねる　　15 □ 動 しかる

☆☆次の英文を読んで，あとの設問に答えなさい。　　　　　　　　（20点×5）

Mr. White is good ① training dogs. One day Tom visits Mr. White.

Tom :　　　I ②got my dog a month ago. I like him very much but ③ .

Mr. White : Why? What's the matter with your dog? Does he bark at her?

Tom :　　　No. ④But he always jumps at the washed clothes my mother puts on the clothesline, and they fall off. My mother shouts at him.

Mr. White : I have an idea. It's very easy. Put a bath towel on the clothesline and wait. If your dog jumps at the bath towel, then scold him.

Tom :　　　That's a very good idea. I'll try it.

A few days later, Tom comes again to see Mr. White.

Mr. White : You don't look ⑤ . Didn't you try my idea?

Tom :　　　Yes, I did. I trained my dog very hard. But today, my mother found clothes on the ground again. Only the bath towel was on the clothesline.

🔊 17

(1) 熟語の知識　① にあてはまる語を1つ選びなさい。

　　ア　for　　　　　　イ　at　　　　　　ウ　from

(2) 不規則動詞　下線部②の語の原形を書きなさい。

　　_____

(3) 内容の理解　③ にあてはまる文を1つ選びなさい。

　　ア　my mother is kind to him　　　イ　my mother doesn't

　　ウ　my mother likes him, too

(4) 過去分詞・関係代名詞　下線部④を日本文になおしなさい。

　　(　　　　　　　　　　　　　　　　　　　　　　　　　)

(5) 内容の理解　⑤ にあてはまる語を1つ選びなさい。

　　ア　happy　　　　　　イ　poor　　　　　　ウ　smile

○ポイント

(1)「〜が得意だ」に。

◀左ページを見よ

(3) but とあることから考える。

(4) washed は過去分詞で形容詞の働きをしている。clothes のあとに関係代名詞が省かれている。

☞チェック12・17

(5) look の補語になる。☞チェック29

Dialogue ① 対話文①

単語・熟語の解説は別冊 P.6・7

意味 意味を書いてみましょう。 練習 つづりの練習をして覚えましょう。

STEP1 ●基礎

1 □ **late** [léit] レイト｜意味＿＿＿＿＿ 練習＿＿＿＿＿＿＿＿＿＿

2 □ **usually** [júːʒuəli] ユージュアリィ｜意味＿＿＿＿＿ 練習＿＿＿＿＿＿＿＿

3 □ **important** [impɔ́ːrtənt] インポータント｜意味＿＿＿＿＿ 練習＿＿＿＿＿＿

4 □ **far** [fɑ́ːr] ファー｜意味＿＿＿＿＿ 練習＿＿＿＿＿＿＿＿＿＿

STEP2 ●中級

5 □ **meeting** [míːtiŋ] ミーティング｜意味＿＿＿＿＿ 練習＿＿＿＿＿＿

6 □ **anyway** [éniwèi] エニィウェイ｜意味＿＿＿＿＿ 練習＿＿＿＿＿＿

7 □ **work for ～**｜意味＿＿＿＿＿ 練習＿＿＿＿＿＿

8 □ **company** [kʌ́mpəni] カンパニィ｜意味＿＿＿＿＿ 練習＿＿＿＿＿＿

9 □ **airport** [éərpɔ̀ːrt] エアポート｜意味＿＿＿＿＿ 練習＿＿＿＿＿＿

10 □ **reporter** [ripɔ́ːrtər] リポータァ｜意味＿＿＿＿＿ 練習＿＿＿＿＿＿

11 □ **would like to ～**｜意味＿＿＿＿＿ 練習＿＿＿＿＿＿

STEP3 ●上級

12 □ **boss** [bɔ́ːs] ボース｜意味＿＿＿＿＿ 練習＿＿＿＿＿＿

13 □ **trading company**｜意味＿＿＿＿＿ 練習＿＿＿＿＿＿

14 □ **journalism** [dʒɔ́ːrnəlìzm] チャーナリズム｜意味＿＿＿＿＿ 練習＿＿＿＿＿＿

15 □ **sometime** [sʌ́mtàim] サムタイム｜意味＿＿＿＿＿ 練習＿＿＿＿＿＿

▼▲▼▲▼ 単語・熟語の意味 ▼▲▼▲▼

1 □形 遅い
2 □副 たいてい, ふつうは
3 □形 重要な, 大切な
4 □形 遠い, 遠くの
5 □名 会議, 集会

6 □熟 それはそうと
7 □熟 ～に勤める
8 □名 会社
9 □名 空港, 飛行場
10 □名 報道記者

11 □熟 ～したいのですが
12 □名 上司, 上役
13 □熟 商事会社
14 □名 ジャーナリズム
15 □副 いつか, あるとき

5 OCCUPATIONS 職業

解答・考え方は別冊 P.7

月	日
	点

☆☆次の英文を読んで，あとの設問に答えなさい。

Midori : Well, I don't want to leave, but it's getting late and I have to work tomorrow.

Nancy : You work on Sunday?

Midori : Not usually, but ❶my boss asked me to come in tomorrow morning. He has an important meeting on Monday.

Nancy : Well, I'm sorry you have to go. What do you do anyway?

Midori : I work for a trading company near Narita Airport.

Nancy : Really? That's so far from here. How do you get there? By taxi?

Midori : No, I take the bus.

Nancy : ❷How long does it take to get there?

Midori : Oh, it takes about an hour. What do you do, Nancy?

Nancy : I'm a reporter. I work for the Tokyo Evening News.

Midori : Oh, really? ❸I've thought about studying journalism. ❹I'd like to talk to you about it sometime.

Nancy : Sure.

🔊 19

---

(1) 不定詞・疑問詞 下線部❶, ❷を日本文になおしなさい。(20点×2)

❶ (   )

❷ (   )

(2) 短 縮 形 下線部❸, ❹をもとの2語で書きなさい。(15点×2)

❸ ＿＿＿＿＿＿＿＿   ❹ ＿＿＿＿＿＿＿＿

(3) 内 容 の 理 解 空所に適語を入れ，問答を完成しなさい。(15点×2)

(a) Does Midori usually work on Sundays?

＿＿＿＿＿＿, she ＿＿＿＿＿.

(b) Is Midori interested in journalism?

＿＿＿＿＿＿, she ＿＿＿＿＿.

◖◖◖ポイント◗◗◗

(1)❶〈ask ... to ～〉の形。
☞チェック16
❷ How long は所要時間をたずねる。
(2)❸現在完了の文。
☞チェック3
❹ want to の控え目な表現。
◖◖左ページを見よ

19

対話文①

解答は別冊 **P.7・8**

1 次の英語は日本語に，日本語は英語になおしなさい。　　　　　　　（2点×18）

(1)　meeting　　　（　　　　　　　）　　(2)　company　　（　　　　　　　）

(3)　fall　　　　　（　　　　　　　）　　(4)　idea　　　　（　　　　　　　）

(5)　clothes　　　（　　　　　　　）　　(6)　under　　　（　　　　　　　）

(7)　ticket　　　（　　　　　　　）　　(8)　difficult　　（　　　　　　　）

(9)　いっしょに　＿＿＿＿＿＿＿　　(10)　重要な　　　＿＿＿＿＿＿＿

(11)　地面　　　　＿＿＿＿＿＿＿　　(12)　再び　　　　＿＿＿＿＿＿＿

(13)　きれいな　　＿＿＿＿＿＿＿　　(14)　叫ぶ　　　　＿＿＿＿＿＿＿

(15)　心配する　　＿＿＿＿＿＿＿　　(16)　訪ねる　　　＿＿＿＿＿＿＿

(17)　自由な，ひまな　＿＿＿＿＿　　(18)　計画，案　　＿＿＿＿＿＿＿

2 次の **AB** と **CD** の関係がほぼ同じになるように，**D** に適語を入れなさい。　（2点×6）

A	B	C	D
(1)　slow	fast	late	＿＿＿＿＿＿＿
(2)　go	went	get	＿＿＿＿＿＿＿
(3)　rain	rainy	sun	＿＿＿＿＿＿＿
(4)　right	write	our	＿＿＿＿＿＿＿
(5)　came	come	thought	＿＿＿＿＿＿＿
(6)　large	small	far	＿＿＿＿＿＿＿

3 次の語群を，日本文に合うように並べかえなさい。　　　　　　　　（6点×2）

(1)　私は昨日妹の世話をしなければなりませんでした。

（ yesterday / to / care / my / sister / I / had / take / of / . ）

＿＿＿＿＿＿＿＿＿＿＿＿＿＿＿＿＿＿＿＿＿＿＿＿＿＿＿＿＿

(2)　あなたはニューヨークで楽しく過ごしましたか。

（ in / you / time / have / New York / a / did / good / ? ）

＿＿＿＿＿＿＿＿＿＿＿＿＿＿＿＿＿＿＿＿＿＿＿＿＿＿＿＿＿

4 次の英文は日本にホームステイしているヘンリー(Henry)とホームステイ先の健(Ken)との対話です。これを読んで，あとの設問に答えなさい。

(8点×5)

> *Ken :* Is Mom home? I need something to eat.
>
> *Henry :* She went out to buy some meat and vegetables a few minutes ago. I'm hungry too. [(a)]
>
> *Ken :* Yes, but I can't cook well. Let's go out and get something to eat. [(b)]
>
> *Henry :* I want to eat ramen. How about you?
>
> *Ken :* Me too. Let's leave here in five minutes. [❶] How about in America?
>
> *Henry :* It's popular in America too. We have about five ramen shops in my town.
>
> *Ken :* [❷]
>
> *Henry :* I have no idea. Tell me.
>
> *Ken :* I hear there are about 40,000 ramen shops in Japan. Some people say there are more than 200,000.
>
> *Henry :* Wow! So many? Do you know any good ramen shops?
>
> *Ken :* Yes. I found a nice one last month.
>
> *Henry :* Is it near here?
>
> *Ken :* Yes. We can [❸] there. It takes only a few minutes.
>
> *Henry :* OK. Let's go there!
>
> [注] meat：肉   I have no idea.：わからない。   more than ～：～以上   21

(1) 対話の意味が通るように。(a)・(b)の□□□に次の書き出しで英文を作りなさい。

(a) Can _____?

(b) What _____?

(2) ❶・❷の[　]に入る文を1つずつ選びなさい。   ❶〔　〕 ❷〔　〕

　　ア Do you know how many ramen shops there are in Japan?

　　イ I know your favorite food is ramen.

　　ウ Ramen is very popular in Japan.   エ Do you know the way?

(3) [❸]に適する1語を書きなさい。ただし，wで始まる語とします。

対話文①

月　日
点

解答は別冊 P.8・9

☆☆ 次の英文は日本にホームステイしているマイク(**Mike**)とホームステイ先の雄太 (**Yuta**)との対話です。これを読んで，あとの設問に答えなさい。

Mike and Yuta are walking home from school.

Mike : It's cold today.

Yuta : Yes.　Winter has come.　How were today's classes?

Mike : Someone talked about a *kotatsu* in class.　I'm interested (　ⓐ　) it.

Yuta : *Kotatsu*?　You can see one at my house today.

Mike : ❶ ⎵⎵⎵⎵ That's great.　I'm excited.

　　Mike and Yuta are back home.

Yuta : Here is our *kotatsu*, Mike.

Mike : Wow!　⎵⎵⎵⎵ Show me how to use it.

Yuta : It's easy.　Switch it on, and get in.　Come here, Mike.

Mike : Oh, it's warm, and it's nice to sit on the floor!

Yuta : Is that (　ⓑ　) for you?

Mike : Yes.　Usually, Americans don't do that ...　So, what do you do at the *kotatsu*?

Yuta : We just sit and talk.　And, we always drink tea here after dinner.

Mike : Anything else?

Yuta : Well, on New Year's Day, we sit at the *kotatsu* and watch TV together all day.　We also talk a lot.

Mike : I see.　It's important to talk with your family.　Is communication among family members easier at the *kotatsu*?

Yuta : ❷ ⎵⎵⎵⎵ The *kotatsu* is useful for talking more.　Oh, there is another good thing.　When I do my homework here, I can always find someone to help me.

Mike : That's nice.　Family members can help each other.

Yuta : Yes.　I've found good things about the *kotatsu*.　But, Mike, there is [thing / should / one / remember / you].　If you sleep here, you'll catch a cold.

[注]　*kotatsu*：こたつ　　switch it on：スイッチを入れる　　floor：床(ゆか)
　　　communication：意思伝達　　each other：お互い　　catch a cold：かぜをひく

🔊 22

22

(1) 本文中の（ ⓐ ），（ ⓑ ）の中に補う英語として適切なものを次から1つずつ選び，記号で答えなさい。

(12点×2)

ⓐ〔　　〕　　　ⓑ〔　　〕

ⓐ　ア　at　　　　　イ　in　　　　　ウ　on　　　　　エ　to

ⓑ　ア　cold　　　　イ　delicious　　ウ　popular　　エ　special

(2) 会話の流れが自然になるように，本文中の　❶　，　❷　に補う英文として適切なものを1つずつ選び，記号で答えなさい。

(12点×2)

❶〔　　〕　　　❷〔　　〕

❶　ア　Really?　　　　　　　　イ　Pardon?

　　ウ　How are you?

❷　ア　I don't agree.　　　　　イ　That's too bad.

　　ウ　I think so.

(3) 本文中の　　　　で，マイクは，こたつを以前に見たことがないという内容を伝えています。この内容を表す英文を書きなさい。

(14点)

_____

(4) 本文の内容と合うように，次の問答文の空所に適語を補いなさい。　　　(12点)

_____ _____ does Yuta's family stay at the *kotatsu* on New Year's Day?

—— Almost all day.

(5) 本文中の〔　　〕内の語を，意味が通るように並べかえなさい。　　　(12点)

But, Mike, there is _____.

(6) 本文の内容と合うように，次の＿＿に補うものを，本文中から2語以上で抜き出しなさい。

(14点)

Mike and Yuta found good things about the *kotatsu*. In winter, Yuta's family sit at the *kotatsu* and spend much time together. There is more _____ at the *kotatsu*. There, they can help each other.

Dialogue ② 対話文②

単語・熟語の解説は別冊 P.9

意味 意味を書いてみましょう。 練習 つづりの練習をして覚えましょう。

STEP1 ●基礎

1 □ **college** [kálidʒ] カレッヂ 意味＿＿＿＿＿＿ 練習＿＿＿＿＿＿＿＿＿＿

2 □ **a lot of 〜** 意味＿＿＿＿＿＿ 練習＿＿＿＿＿＿＿＿＿＿

3 □ **child** [tʃáild] チャイルド 意味＿＿＿＿＿＿ 練習＿＿＿＿＿＿＿＿＿＿

4 □ **same** [séim] セイム 意味＿＿＿＿＿＿ 練習＿＿＿＿＿＿＿＿＿＿

5 □ **sometimes** [sʌ́mtàimz] サムタイムズ 意味＿＿＿＿＿＿ 練習＿＿＿＿＿＿＿＿

6 □ **watch** [wátʃ] ワッチ 意味＿＿＿＿＿＿ 練習＿＿＿＿＿＿＿＿＿＿

7 □ **sky** [skái] スカイ 意味＿＿＿＿＿＿ 練習＿＿＿＿＿＿＿＿＿＿

8 □ **understand** [ʌndərstǽnd] アンダスタンド 意味＿＿＿＿＿＿ 練習＿＿＿＿＿＿＿＿

9 □ **world** [wə́ːrld] ワールド 意味＿＿＿＿＿＿ 練習＿＿＿＿＿＿＿＿＿＿

STEP2 ●中級

10 □ **science** [sáiəns] サイエンス 意味＿＿＿＿＿＿ 練習＿＿＿＿＿＿＿＿＿＿

11 □ **space** [spéis] スペイス 意味＿＿＿＿＿＿ 練習＿＿＿＿＿＿＿＿＿＿

12 □ **thing** [θíŋ] スィング 意味＿＿＿＿＿＿ 練習＿＿＿＿＿＿＿＿＿＿

13 □ **foreign** [fɔ́ːrin] フォーリン 意味＿＿＿＿＿＿ 練習＿＿＿＿＿＿＿＿＿＿

14 □ **peace** [píːs] ピース 意味＿＿＿＿＿＿ 練習＿＿＿＿＿＿＿＿＿＿

STEP3 ●上級

15 □ **satellite** [sǽtəlàit] サテライト 意味＿＿＿＿＿＿ 練習＿＿＿＿＿＿＿＿

▼▼▼▼▼▼▼▼▼▼▼▼▼▼▼▼▼▼ 単語・熟語の意味 ▼▼▼▼▼▼▼▼▼▼▼▼▼▼▼▼▼▼

1 □ 名 大学
2 □ 熟 たくさんの〜
3 □ 名 子ども
4 □ 形 同じ，同様な
5 □ 副 ときどき

6 □ 動 見る，見守る
7 □ 名 空
8 □ 動 理解する
9 □ 名 世界
10 □ 名 科学，理科

11 □ 名 宇宙
12 □ 名 物，事
13 □ 形 外国の
14 □ 名 平和
15 □ 名 人工衛星，衛星

1 | SPACE AND SATELLITES 宇宙と人工衛星

解答・考え方は別冊 P.9

月　　日

点

☆☆次の英文を読んで，あとの設問に答えなさい。　　　　　　　　　（20点×5）

Akio : What do you want to study when you go to college?

John : Well, I want to study science. I'm interested in space and have read a lot of books about it. What are you interested in?

Akio : I'm interested in music. But my father told me about space when I was a ①child. He said it was important ② us to study science.

John : I think so, too. My science teacher said the same thing. I sometimes watch the sky and think about space. It has ③(we / things / understand / can't / many). There are a lot of satellites in space now.

Akio : I know that, but what do they do there?

John : They help us in many ways. For example, ④we can hear and see news from foreign countries at home because satellites send news very fast. I think we should use satellites for world peace.

🔊 25

(1) 複　数　形　下線部①の語の複数形を書きなさい。

_____

(2) 意味上の主語　②に適切な前置詞を補いなさい。

_____

(3) 関係代名詞の省略　③の（　）内の語を正しく並べかえなさい。

It has _____.

(4) 接続詞など　下線部④を日本文になおしなさい。

（　　　　　　　　　　　　　　　　　　　　　　　　）

(5) 内容の理解　次の質問に英文で答えなさい。

What does John want to study at college?

_____

◦ポイント◦

(1) child の複数形は不規則に変化する。

(2)不定詞の意味上の主語になる。

☞チェック17

(3)目的格の関係代名詞が省略された文になる。

☞チェック27

(5)「ジョンは大学で何を勉強したいと思っていますか」が質問の意味。

Dialogue ② 対話文②

単語・熟語の解説は別冊 P.9

意味 意味を書いてみましょう。 練習 つづりの練習をして覚えましょう。

STEP 1 ●基礎

1 □ wait for ~ 意味＿＿＿＿ 練習＿＿＿＿

2 □ station [stéiʃən] 意味＿＿＿＿ 練習＿＿＿＿

3 □ a few ~ 意味＿＿＿＿ 練習＿＿＿＿

4 □ different [dífərənt] 意味＿＿＿＿ 練習＿＿＿＿

5 □ country [kʌntri] 意味＿＿＿＿ 練習＿＿＿＿

STEP 2 ●中級

6 □ experience [ikspíəriəns] 意味＿＿＿＿ 練習＿＿＿＿

7 □ be surprised 意味＿＿＿＿ 練習＿＿＿＿

8 □ touch [tʌtʃ] 意味＿＿＿＿ 練習＿＿＿＿

9 □ almost [ɔ́:lmoust] 意味＿＿＿＿ 練習＿＿＿＿

10 □ hit [hít] 意味＿＿＿＿ 練習＿＿＿＿

11 □ leg [lég] 意味＿＿＿＿ 練習＿＿＿＿

12 □ England [íŋglənd] 意味＿＿＿＿ 練習＿＿＿＿

13 □ even [í:vn] 意味＿＿＿＿ 練習＿＿＿＿

STEP 3 ●上級

14 □ taxi [tǽksi] 意味＿＿＿＿ 練習＿＿＿＿

15 □ automatic [ɔ̀:təmǽtik] 意味＿＿＿＿ 練習＿＿＿＿

（ 単語・熟語の意味 ）

1 □ 熟 ～を待つ
2 □ 名 駅
3 □ 熟 2，3の～
4 □ 形 異なる，違った
5 □ 名 国

6 □ 名 経験，体験
7 □ 熟 驚く
8 □ 動 触れる，さわる
9 □ 副 もう少しで～するところ
10 □ 動 ぶつかる，打つ

11 □ 名 脚
12 □ 名 英国，イングランド
13 □ 副 ～でさえ，～すら
14 □ 名 タクシー
15 □ 形 自動(式)の

2 | TAXIS タクシー

解答・考え方は別冊 P.9・10

☆☆次の英文を読んで，あとの設問に答えなさい。　　　　　　　　　　　（25点×4）

1か月前に日本に来た Brown さんが，小川さんの家の前で彼と話しています。

Brown : Hi, Mr. Ogawa. Are you going out?

Ogawa : Yes, I am. ❶タクシーを待っているところです。 I'm going to the station.

Brown : Is that so? I had a new experience when I took a taxi a few weeks ago.

Ogawa : Did you? ❷

Brown : I was surprised when I tried to open the taxi door. The door opened before I touched it. It almost hit my leg.

Ogawa : ❸ 　But why was that a new experience for you?

Brown : In America, taxis don't have automatic doors. We open a taxi door by hand.

Ogawa : Oh, I didn't know that.

Brown : Taxi doors are the same in England.

Ogawa : Even taxi doors are different in other countries. I think you've learned a lot in Japan ❹ you came here. My taxi is coming! Please tell me about your experiences next time. See you later.

Brown : See you later.

◀)) 27

---

(1) 熟語の知識　下線部❶を英文になおしなさい。

_____

(2) 内容の理解　❷，❸にあてはまる文を1つずつ選びなさい。

❷〔　　〕　　　❸〔　　〕

　ア　Really?　　　　　　　イ　How about you?

　ウ　Shall I help you?　　エ　What was it?

(3) 現在完了　❹にあてはまる語を1つ選びなさい。

　ア　before　　イ　since　　ウ　if　　エ　that

○ポイント○

(1)現在進行形の文。「〜を待つ」はどう言うのか。

(2)❷ a new experience の内容をきく言い方になる。

(3)現在完了で「〜以来」の意味を表すもの。　☞チェック3

Dialogue ② 対話文②

単語・熟語の解説は別冊 P.10

意味 意味を書いてみましょう。 練習 つづりの練習をして覚えましょう。

STEP1 ●基礎

1 □ **May I help you?** 意味＿＿＿＿＿ 練習＿＿＿＿＿

2 □ **Yes, please.** 意味＿＿＿＿＿ 練習＿＿＿＿＿

3 □ **take** [téik] 意味＿＿＿＿＿ 練習＿＿＿＿＿

4 □ **under** [ʌ́ndər] 意味＿＿＿＿＿ 練習＿＿＿＿＿

5 □ **by** [bái] 意味＿＿＿＿＿ 練習＿＿＿＿＿

6 □ **join** [dʒɔ́in] 意味＿＿＿＿＿ 練習＿＿＿＿＿

STEP2 ●中級

7 □ **tour** [túər] 意味＿＿＿＿＿ 練習＿＿＿＿＿

8 □ **around** [əráund] 意味＿＿＿＿＿ 練習＿＿＿＿＿

9 □ **wife** [wáif] 意味＿＿＿＿＿ 練習＿＿＿＿＿

10 □ **Here you are.** 意味＿＿＿＿＿ 練習＿＿＿＿＿

STEP3 ●上級

11 □ **all through the year** 意味＿＿＿＿＿ 練習＿＿＿＿＿

12 □ **adult** [ədʌ́lt] 意味＿＿＿＿＿ 練習＿＿＿＿＿

13 □ **～-year-old** 意味＿＿＿＿＿ 練習＿＿＿＿＿

14 □ **grandson** [grǽnsʌ̀n] 意味＿＿＿＿＿ 練習＿＿＿＿＿

15 □ **come to ～** 意味＿＿＿＿＿ 練習＿＿＿＿＿

単語・熟語の意味

1 □ 熟 いらっしゃいませ。
2 □ 熟 はい，お願いします。
3 □ 動 （～に）乗る，（時間が）かかる
4 □ 前 ～未満の，～以下の
5 □ 前 ～までに（は）
6 □ 動 参加する，加わる
7 □ 名 旅行，ツアー
8 □ 前 ～のまわりを
9 □ 名 妻
10 □ 熟 （手渡して）はいどうぞ。
11 □ 熟 一年中
12 □ 名 大人，成人
13 □ 熟 ～歳の
14 □ 名 孫息子，男の孫
15 □ 熟 （値段などが）～になる

月　　日

点

解答・考え方は別冊 **P.10**

☆☆次の英文を読んで，あとの設問に答えなさい。　　　　　　　　　　（20点×5）

Clerk : 　Good morning, sir.　May I help you?

Mr. Hill : Yes, please.　I want to take a bus tour around Tokyo.　On what days do you have tours?

Clerk : 　We have them every day all through the year.

Mr. Hill : What time does the Saturday tour leave?

Clerk : 　It leaves at ten in the morning.　The tour takes six hours, so you come back about （　(a)　） o'clock in the afternoon.

Mr. Hill : I think I'll take the Saturday bus.　How （　(b)　） is it?

Clerk : 　2,500 yen for a child under 13, and 5,000 yen for an adult.　❶

Mr. Hill : My wife, my 10-year-old grandson and me.

Clerk : 　So it comes to （　(c)　） yen.

Mr. Hill : OK.　❷

Clerk : 　Thank you very much.　Please come to the bus station by nine fifty in the morning on that day.

Mr. Hill : All right.　Thank you.　🔊 29

(1) 　内 容 の 理 解 　 (a)・(b)には適する1語を，(c)には適する数字を算用数字で書きなさい。

　(a) _____

　(b) _____

　(c) _____

(2) 　内 容 の 理 解 　 ❶・❷の 　　　 に適する文を1つずつ選びなさい。

　❶〔　　〕　　❷〔　　〕

　ア　Here you are.　　　イ　Here we are.

　ウ　How do you come here?

　エ　How many people will join you?

◯━ポイント━◯

(1)(a)所要時間から，戻ってくる時刻を答える。

(b)「いくらかかるか」の意味にする。

(c)大人2人と子ども1人の場合の値段は？

(2)❶次の返答ではだれが参加するかを答えていることに注目する。

❷何かの受け渡しが行われている。

Dialogue ② 対話文②

◀)) 30

単語・熟語の解説は別冊 P.10

意味 意味を書いてみましょう。 練習 つづりの練習をして覚えましょう。

STEP1 ●基礎

1 □ first [fə́ːrst] ファースト   意味＿＿＿＿＿＿ 練習＿＿＿＿＿＿＿＿

2 □ visit [vízit] ヴィズィット   意味＿＿＿＿＿＿ 練習＿＿＿＿＿＿＿＿

3 □ hope [hóup] ホウプ   意味＿＿＿＿＿＿ 練習＿＿＿＿＿＿＿＿

4 □ festival [féstəvəl] フェスティヴァル   意味＿＿＿＿＿＿ 練習＿＿＿＿＿＿＿＿

5 □ hot [hát] ハット   意味＿＿＿＿＿＿ 練習＿＿＿＿＿＿＿＿

6 □ season [síːzn] スィーズン   意味＿＿＿＿＿＿ 練習＿＿＿＿＿＿＿＿

7 □ before [bifɔ́ːr] ビフォーァ   意味＿＿＿＿＿＿ 練習＿＿＿＿＿＿＿＿

STEP2 ●中級

8 □ Nice to meet you.   意味＿＿＿＿＿＿ 練習＿＿＿＿＿＿＿＿

9 □ You're welcome.   意味＿＿＿＿＿＿ 練習＿＿＿＿＿＿＿＿

10 □ be interested in ～   意味＿＿＿＿＿＿ 練習＿＿＿＿＿＿＿＿

11 □ modern [mádərn] マダァン   意味＿＿＿＿＿＿ 練習＿＿＿＿＿＿＿＿

12 □ wear [wéər] ウェァ   意味＿＿＿＿＿＿ 練習＿＿＿＿＿＿＿＿

13 □ try ～ on   意味＿＿＿＿＿＿ 練習＿＿＿＿＿＿＿＿

STEP3 ●上級

14 □ Thank you for ～ing.   意味＿＿＿＿＿＿ 練習＿＿＿＿＿＿＿＿

15 □ a kind of ～   意味＿＿＿＿＿＿ 練習＿＿＿＿＿＿＿＿

単語・熟語の意味

1 □ 形 最初の，初めての
2 □ 名 訪問
3 □ 動 希望する，望む
4 □ 名 祭り
5 □ 形 暑い，熱い
6 □ 名 季節，シーズン
7 □ 副 以前に，前に
8 □ 熟 はじめまして。
9 □ 熟 どういたしまして。
10 □ 熟 ～に興味がある
11 □ 形 現代の，近ごろの
12 □ 動 着ている，身につける
13 □ 熟 ～を試着する
14 □ 熟 ～してくれてありがとう。
15 □ 熟 一種の～，～の一種

☆☆次の英文を読んで，あとの設問に答えなさい。 (20点×5)

Pat は大学生で，ホームステイ先の野田さんの家にやって来ました。

Mr. Noda : Hello, Pat. Nice to meet you.

Pat : 　①　 Thank you for having me, Mr. Noda.

Mr. Noda : You're welcome. Is this your first visit to Japan?

Pat : Yes. 　②　 I'm very interested in Japanese culture, and I'm going to study modern Japanese culture at college.

Mr. Noda : I have something to give you, Pat. I hope you like it and wear it to the festival.

Pat : Wear it to the festival?

Mr. Noda : Yes. This is it. We (it / a *yukata* / call). It's a kind of kimono for the hot season.

Pat : Wow, this is great. 　③　 I'll try it on now.

Mr. Noda : Please do.

⋮

Mr. Noda : You look so nice. 　④　

Pat : Yes, please. Thank you.

31

(1) 内容の理解 ❶〜❹の □ に適する文を1つずつ選びなさい。

❶ 〔　〕　❷ 〔　〕　❸ 〔　〕　❹ 〔　〕

ア I know it very well.　イ Shall I take a picture of you?

ウ No, thank you.　エ I've never been here before.

オ I don't think so.　カ Nice to meet you, too.

キ Can I walk around?　ク I love it.

(2) 文　　型 正しい英文になるように，下線部の（ ）内の語句を正しく並べかえなさい。

We _____.

◦◦ポイント◦◦

(1)❶ Nice to meet you. に対する返答。

❷日本に来たのは初めてであることを言いかえた文が入る。

❸直前の文と矛盾しないものを選ぶ。

❹何かを申し出ている文が入る。

(2)〈主語＋動詞＋目的語＋補語〉の第5文型の文になる。

Dialogue ② 対話文②

単語・熟語の解説は別冊 P.11

意味 意味を書いてみましょう。 練習 つづりの練習をして覚えましょう。

STEP1 ●基礎

1 □ **zoo** [zúː] 意味＿＿＿＿＿ 練習＿＿＿＿＿＿＿＿

2 □ **look at ～** 意味＿＿＿＿＿ 練習＿＿＿＿＿＿＿＿

3 □ **join** [dʒɔ́in] 意味＿＿＿＿＿ 練習＿＿＿＿＿＿＿＿

4 □ **minute** [mínit] 意味＿＿＿＿＿ 練習＿＿＿＿＿＿＿＿

5 □ **hurry** [hə́ːri] 意味＿＿＿＿＿ 練習＿＿＿＿＿＿＿＿

6 □ **over there** 意味＿＿＿＿＿ 練習＿＿＿＿＿＿＿＿

7 □ **lion** [láiən] 意味＿＿＿＿＿ 練習＿＿＿＿＿＿＿＿

STEP2 ●中級

8 □ **friendly** [fréndli] 意味＿＿＿＿＿ 練習＿＿＿＿＿＿＿＿

9 □ **Why don't we ～?** 意味＿＿＿＿＿ 練習＿＿＿＿＿＿＿＿

10 □ **cage** [kéidʒ] 意味＿＿＿＿＿ 練習＿＿＿＿＿＿＿＿

11 □ **rabbit** [rǽbit] 意味＿＿＿＿＿ 練習＿＿＿＿＿＿＿＿

STEP3 ●上級

12 □ **leaflet** [líːflit] 意味＿＿＿＿＿ 練習＿＿＿＿＿＿＿＿

13 □ **koala** [kouáːlə] 意味＿＿＿＿＿ 練習＿＿＿＿＿＿＿＿

14 □ **penguin** [péŋgwin] 意味＿＿＿＿＿ 練習＿＿＿＿＿＿＿＿

15 □ **dolphin** [dálfin] 意味＿＿＿＿＿ 練習＿＿＿＿＿＿＿＿

▼▲▼▲▼▲▼▲▼▲▼▲▼▲▼▲▼▲ 単語・熟語の意味 ▼▲▼▲▼▲▼▲▼▲▼▲▼▲▼▲▼▲

1 □ 名 動物園　　　　6 □ 熟 あそこに〔で〕　　11 □ 名 ウサギ

2 □ 熟 ～を見る　　　7 □ 名 ライオン　　　　12 □ 名 チラシ

3 □ 動 参加する，加わる　8 □ 形 親しい，友好的な　13 □ 名 コアラ

4 □ 名 (時間の)分　　9 □ 熟 (いっしょに)～しませんか。　14 □ 名 ペンギン

5 □ 動 急ぐ　　　　10 □ 名 (動物の)おり，鳥かご　15 □ 名 イルカ

▼▲

5 | AT THE ZOO　動物園で

解答・考え方は別冊 P.11・12

月　　日

点

☆☆ 次の英文を読んで，あとの設問に答えなさい。　　　　　　　　　　（25点×4）

Beth and Mimi are at the zoo. They are looking at the leaflet.

Beth : Look, we have three plans for Friendly Time with Animals today. Let's join the Friendly Time with cats first.

Mimi : Sounds great. ❶Oh, we only have five minutes before it starts. We have to hurry.

Beth : Yes, but don't worry. It's just over there. Friendly Time with cats ends at noon. What are we going to do after ❷that?

Mimi : ❸ 　don't we have lunch in the restaurant near the koala cage?

Beth : OK. Let's join the other two after lunch.

Mimi : No problem. But before that, I want to watch penguins and dolphins, too.

Beth : OK, I'll come with you. How about watching them until about 2:30 pm? We can join Friendly Time with both rabbits and a baby lion.

Mimi : That's perfect! We can leave here before four o'clock and get home early. Okay, let's go!

🔊 33

動物たちとのふれあいタイム　　開始時刻 (Friendly Time with Animals)			
	第1回	第2回	第3回
rabbits	10:40 am	0:40 pm	2:40 pm
baby lion	11:10 am	1:10 pm	3:10 pm
cats	11:40 am	1:40 pm	3:40 pm
ふれあいタイムはどれも約20分間です。			

---

(1) 〔内容の理解〕 下線部❶で美々がこれを言った時刻はいつごろか，（　）に数字を補いなさい。　　　午前11時（　　　　）分ごろ

(2) 〔内容の理解〕 下線部❷の内容を簡潔に日本語で説明しなさい。
（　　　　　　　　　　　　　　　　　　　　　　　　　）

(3) 〔熟語の知識〕 ❸ に適する語を1つ選びなさい。
　　ア　How　　　　　イ　What　　　　　ウ　Why

(4) 〔内容の理解〕 2人がウサギとライオンの赤んぼうとふれあう時刻はそれぞれ第1回〜第3回のうちどれですか。　　（完答）
　　ウサギ　（　　　　　）　　ライオンの赤んぼう　（　　　　　）

◯◯ポイント◯◯

(1)まずどの動物とのふれあいに参加しようとしているのかを読み取る。

(2)直前の文に注目する。

(3)「（私たちはいっしょに）〜しませんか」の意味にする。

◀左ページを見よ

(4)昼食後の行動を順に整理してみよう。

前置詞で始まる熟語

| **after** | **after school**（放課後） |

☑ Let's play tennis *after school*.　（放課後テニスをしましょう。）

| **at** | **at first**（最初は），**at home**（家に〔で〕），**at last**（ついに，とうとう），**at night**（夜に），**at once**（すぐに），**at school**（学校で），**at that time**（そのころ），**at the end of ～**（～の終わりに），**at the same time**（同時に） |

☑ *At first* he wasn't friendly to me.　（最初は彼は私に友好的ではありませんでした。）

☑ Will you be *at home* tomorrow?　（あなたはあす家にいますか。）

☑ He has finished that work *at last*.

　　（彼はついにその仕事を仕上げました。）

☑ Two gentlemen came at twelve o'clock *at night*.

　　（夜の12時に2人の紳士がやって来ました。）

☑ Do it *at once*, please.　（どうかすぐそうしてください。）

☑ He is clever *at school*.　（彼は学校でできがよい。）

☑ He was staying in England *at that time*.

　　（彼はそのころはイングランドに滞在中でした。）

☑ Come to my house *at the end of* this month.

　　（今月の末に私の家に来なさい。）

☑ She was laughing and crying *at the same time*.

　　（彼女は同時に笑ったり泣いたりしていました。）

| **between** | **between ～ and ...**（～と…の間に〔の〕） |

☑ This train runs *between* Tokyo *and* Aomori.

　　（この列車は東京と青森の間を走ります。）

| **by** | **by bus**（バスで），**by oneself**（ひとりで），**by the way**（ところで） |

☑ I usually go to school *by bus*.　（ふだん私はバスで通学しています。）

☑ He lives *by himself*.　（彼はひとり暮らしです。）

☑ Oh, *by the way*, do you know my new phone number?

（ああ，ところで，私の新しい電話番号を知っていますか。）

for	**for a long time**（長い間），**for a while**（しばらくの間），**for example**（たとえば），**for oneself**（独力で），**for the first time**（初めて）

☑ We waited for him *for a long time*.　（私たちは長い間彼を待ちました。）

☑ Will you please wait here *for a while*?

（どうぞここでしばらくお待ちくださいませんか。）

☑ Can you speak any foreign languages —— French or Spanish, *for example*?

（あなたは何か外国語が話せますか，たとえばフランス語とかスペイン語とか。）

☑ There are many things you can't do *for yourself*.

（あなたが自分の力だけでできないことはたくさんあります。）

☑ I met him then *for the first time*.　（私はそのとき初めて彼と会いました。）

from	**from ～ to ...**（～から…まで）

☑ We work *from* Monday *to* Friday.　（私たちは月曜日から金曜日まで働きます。）

in	**in fact**（実際は，実は），**in front of ～**（～の前に），**in this way**（このようにして）

☑ *In fact*, he was not able to swim.　（実は彼は泳げなかったのです。）

☑ There is a church *in front of* my house.

（私の家の前には教会があります。）

☑ *In this way*, the boy got over the difficulty.

（このようにして少年はその困難を克服しました。）

of, on	**of course**（もちろん），**on one's way (to ～)**（（～に行く）途中で）

☑ Will you go with us? —— *Of course* I will.

（きみも私たちといっしょに行きますか。—— もちろん行くよ。）

☑ I saw it *on my way to* school.　（学校へ行く途中で私はそれを見ました。）

対話文②

解答は別冊 **P.12**

1 次の英語は日本語に，日本語は英語になおしなさい。　　　　　　（2点×18）

(1) really	(	)	(2) rabbit	(	)
(3) together	(	)	(4) friendly	(	)
(5) first	(	)	(6) wife	(	)
(7) tour	(	)	(8) special	(	)

(9) 種類　　　_____　　(10) 大人，成人　　_____

(11) 駅　　　_____　　(12) 大学　　_____

(13) 空　　　_____　　(14) 理解する　　_____

(15) 世界　　　_____　　(16) ときどき　　_____

(17) 動物園　　　_____　　(18) 参加する　　_____

2 次の **AB** と **CD** の関係がほぼ同じになるように，**D** に適語を入れなさい。　（2点×6）

	A	**B**	**C**	**D**
(1)	365 days	a year	60 minutes	an _____
(2)	foot	feet	child	_____
(3)	three	third	two	_____
(4)	good	better	much	_____
(5)	book	books	country	_____
(6)	play	played	worry	_____

3 次の語群を，日本文に合うように並べかえなさい。　　　　　（6点×2）

(1) あなたはこの話に興味がありますか。

(in / story / you / this / interested / are / ?)

_____

(2) 今夜そのパーティーに来ませんか。

(you / why / come / party / to / the / don't / tonight / ?)

_____

4 次の英文はスーパーに買い物に来たエレン（Ellen）と，知り合いの店員の本田さん（**Ms. Honda**）との対話です。これを読んで，あとの設問に答えなさい。 (10点×4)

> *Ms. Honda :* Hi, Ellen. How are you and how can I help you today?
>
> *Ellen :* I'm fine, thanks. I'm looking for something that I noticed at the party last week. It's used to put chopsticks on at the table. It's small and useful.
>
> *Ms. Honda :* Oh, it's a *hashioki*.
>
> *Ellen :* *Hashioki?*
>
> *Ms. Honda :* ❶Yes, (called / it's / in / a *hashioki*) Japanese.
>
> *Ellen :* I see. I didn't know what it was, but I thought it was very pretty. So I'm planning to send some to my parents in the United States.
>
> *Ms. Honda :* OK. I'll show you some. How about this one in the shape of a cherry blossom?
>
> *Ellen :* Wow, so beautiful! How much is it?
>
> *Ms. Honda :* Three hundred yen each.
>
> *Ellen :* Good. I like the ❷ price too. I'll take two, please.
>
> *Ms. Honda :* Thank you, Ellen.
>
> [注] notice：気づく　　chopsticks：はし　　in the shape of ～：～の形の
> cherry blossom：サクラの花　　each：それぞれ，1個　　price：値段　◀)) 37

(1) 下線部❶の（　）内の語句を正しく並べかえて書きなさい。

Yes, ＿＿＿＿＿＿＿＿＿＿＿＿＿＿＿＿＿＿＿＿＿＿＿＿＿＿＿ Japanese.

(2) ❷ に適する語を1つ選びなさい。

ア　high　　　　イ　cold　　　　ウ　popular　　　　エ　low

(3) 本文の内容に合うように，それぞれの質問に英文で答えなさい。

(a) Did Ellen know what a *hashioki* was when she saw it first?

＿＿＿＿＿＿＿＿＿＿＿＿＿＿＿＿＿＿＿＿＿＿＿＿＿＿＿＿＿＿＿

(b) How much money did Ellen pay for the *hashioki*?

＿＿＿＿＿＿＿＿＿＿＿＿＿＿＿＿＿＿＿＿＿＿＿＿＿＿＿＿＿＿＿

解答は別冊 P.12・13

☆☆次の英文は，洋介(Yosuke)さんと，英語スピーチコンテスト(English speech contest)の準備をしている健(Ken)さん，美咲(Misaki)さん，外国語指導助手(ALT)のブラウン(Brown)先生との会話です。これを読んで，あとの設問に答えなさい。

Yosuke :	Hi, Mr. Brown. What are you doing?
Mr. Brown :	Hi, Yosuke. I'm helping Ken. He is practicing his speech for the contest in October.
Yosuke :	What are you going to talk about in your speech, Ken?
Ken :	Do you know about Table for Two?
Yosuke :	No. (　❶　)
Ken :	If you order a Table for Two meal from the menu at a restaurant, some money is used for buying school lunches for hungry children in poor countries. And also, the meal you order isn't high in calories.
Mr. Brown :	Now, some people in rich countries eat too much, but there are so many people who can't get enough food in the world. So the meals help people in both rich and poor countries.
Yosuke :	I see. Misaki, will you join the contest, too?
Misaki :	Yes. I am writing my speech about pets. I have a cat, Tama, and she is a member of my family. But many pets are abandoned and die in animal shelters in Japan. ②It makes me sad, and I want students to think more about their pets.
Yosuke :	That's important. Is it hard to write your speech?
Misaki :	Yes. (　❸　) I have to read books and search the Internet for problems with pets, but I'm enjoying it.
Ken :	Yosuke, if you have a good topic, why don't you join the contest?
Yosuke :	But my English isn't good.
Mr. Brown :	(　❹　) After the contest, your English will be better, and speaking English will be fun.
Yosuke :	OK. I'll try. I do volunteer work every month, so I can talk about that.

[注] Table for Two：社会貢献活動の一つ　　meal：食事　　poor：貧しい
calorie：カロリー　　rich：豊かな　　abandon：捨てる
animal shelter：動物収容施設　　search：検索する　　topic：話題　　🔊 38

(1) 次の@, ⓑの＿＿に適する1語を入れて, 質問に対する答えを完成しなさい。(10点×2)

    @ When will Ken and Misaki join the English speech contest?

        —— They will join it in ＿＿＿＿＿＿.

    ⓑ Is Misaki writing her speech about using the Internet?

        —— ＿＿＿＿＿＿, she ＿＿＿＿＿＿.

(2) 会話中の❶, ❸, ❹の( )に入る適切な英文を下から1つずつ選びなさい。(10点×3)

    ❶〔　　〕　　　　❸〔　　〕　　　　❹〔　　〕

    ア It takes a lot of time.　　イ What's wrong?　　ウ It's too much for me.
    エ Don't worry.　　オ What is it?　　カ You did a good job.

(3) 次の英文は, 健さんがスピーチの参考にした英文です。①, ②に適切な1語を書きなさい。
                          [注] mark：しるし　　low：低い　(10点×2)

    When you order a meal with a Table for Two mark on a menu, twenty yen is sent to the Table for Two program supporting poor countries. This ①＿＿＿＿＿ is used for buying school lunches for the children who don't have enough food. The meal you order is also good for your body. It is smaller than other lunches, and it is low in calories. So the "two" in the Table for Two means the hungry child and ②＿＿＿＿＿.

(4) 下線部❷のItが指している部分の始めと終わりの1語を, それぞれ書き出しなさい。

    始め ＿＿＿＿＿　　　　終わり ＿＿＿＿＿　　　　　　(完答10点)

(5) ブラウン先生は, 英語スピーチコンテストに参加することで, 洋介さんにとってどんなよいことがあると言っていますか。日本語で2つ答えなさい。　　(完答10点)

    (　　　　　　　　　　　　　　) (　　　　　　　　　　　　　　)

(6) 会話の内容と合うものを1つ選びなさい。　　　　　　　　　　　　(10点)

    ア Yosuke is practicing his English speech for the contest and is helped by Mr. Brown.

    イ Mr. Brown ordered a Table for Two meal because he wanted to help poor children.

    ウ Ken wants Yosuke to join the English speech contest, and Yosuke agrees.

    エ Misaki wants to know more about problems with pets, but she doesn't know what to do.

School and Friends 学校・友だち

単語・熟語の解説は別冊 P.13

意味 意味を書いてみましょう。練習 つづりの練習をして覚えましょう。

STEP 1 ●基礎

1 □ **ask** [ǽsk] *アスク*　意味＿＿＿＿＿＿　練習＿＿＿＿＿＿＿＿＿＿＿＿＿＿＿＿

2 □ **answer** [ǽnsər] *アンサァ*　意味＿＿＿＿＿＿　練習＿＿＿＿＿＿＿＿＿＿＿＿＿＿

3 □ **show** [ʃóu] *ショウ*　意味＿＿＿＿＿＿　練習＿＿＿＿＿＿＿＿＿＿＿＿＿＿＿＿

4 □ **popular** [pápjələr] *パピュラァ*　意味＿＿＿＿＿＿　練習＿＿＿＿＿＿＿＿＿＿＿＿＿

5 □ **among** [əmʌ́ŋ] *アマング*　意味＿＿＿＿＿＿　練習＿＿＿＿＿＿＿＿＿＿＿＿＿＿

6 □ **same** [séim] *セイム*　意味＿＿＿＿＿＿　練習＿＿＿＿＿＿＿＿＿＿＿＿＿＿＿

7 □ **only** [óunli] *オウンリィ*　意味＿＿＿＿＿＿　練習＿＿＿＿＿＿＿＿＿＿＿＿＿＿＿

8 □ **interesting** [íntrəstiŋ] *インタレスティング*　意味＿＿＿＿＿＿　練習＿＿＿＿＿＿＿＿＿＿＿＿

9 □ **not as ～ as ...**　意味＿＿＿＿＿＿　練習＿＿＿＿＿＿＿＿＿＿＿＿＿＿

10 □ **found** [fáund] *ファウンド*　意味＿＿＿＿＿＿　練習＿＿＿＿＿＿＿＿＿＿＿＿＿＿

STEP 2 ●中級

11 □ **be interested in ～**　意味＿＿＿＿＿＿　練習＿＿＿＿＿＿＿＿＿＿＿＿＿＿

12 □ **number** [nʌ́mbər] *ナンバァ*　意味＿＿＿＿＿＿　練習＿＿＿＿＿＿＿＿＿＿＿＿＿＿

13 □ **percentage** [pərséntidʒ] *パセンテッヂ*　意味＿＿＿＿＿＿　練習＿＿＿＿＿＿＿＿＿＿＿＿

STEP 3 ●上級

14 □ **graph** [grǽf] *グラフ*　意味＿＿＿＿＿＿　練習＿＿＿＿＿＿＿＿＿＿＿＿＿＿＿

15 □ **however** [hauévər] *ハウエヴァ*　意味＿＿＿＿＿＿　練習＿＿＿＿＿＿＿＿＿＿＿＿＿

▼▲▼▲▼▲▼▲▼▲▼▲▼▲▼▲▼▲▼（ 単語・熟語の意味 ）▼▲▼▲▼▲▼▲▼▲▼▲▼▲▼▲▼▲

1 □動 たずねる，頼む　　6 □形 同じ　　　　　　11 □熟 ～に興味がある

2 □動名 答える，答え　　7 □副 ほんの，ただ　　12 □名 数，数字

3 □動 示す，見せる　　　8 □形 おもしろい　　　13 □名 パーセンテージ

4 □形 人気のある　　　　9 □熟 …ほど～ない　　14 □名 グラフ

5 □前 ～の中で，～の間で　10 □動 find(見つける)の過去形　15 □副 しかしながら

▼▲

☆☆次の英文を読んで，あとの設問に答えなさい。　　　　　　　　(50点×2)

ある中学校でのアンケート調査とその結果です。

In a junior high school, students were asked to answer the question, "What sport are you most interested in?" The graph shows their answers. Soccer was the most popular among all the students. About the same number of boys and girls liked it. Baseball was also a popular answer, but the boys were more interested in baseball than the girls. Only 11% of the girls answered that baseball was interesting. The same percentage of the boys were interested in tennis, however, 24% of the girls liked it. Basketball was popular among boys. 18% of the boys were interested in basketball, but the girls were not as interested as the boys. There was one sport that the same number of boys and girls found interesting. That was rugby.

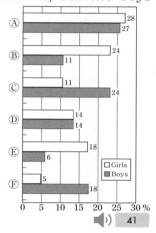

(1) 内容の理解　グラフについて正しいものを1つ選びなさい。

ア　Ⓐ shows basketball.　　イ　Ⓑ shows soccer.

ウ　Ⓒ shows baseball.　　エ　Ⓓ shows tennis.

オ　Ⓕ shows rugby.

(2) 内容の理解　本文の内容と合わないものを1つ選びなさい。

ア　The boys were as interested in rugby as the girls.

イ　The girls were more interested in tennis than the boys.

ウ　The boys were more interested in baseball than the girls.

エ　Soccer was not as popular as basketball among the students.

ポイント

(1)比較の文に注目。

(2)ア as ～ as ... で「…と同じくらい～」

イ・ウ are more interested in ～で「～により興味がある」

エ not as ～ as ... で「…ほど～ない」

セクション 3 School and Friends 学校・友だち

単語・熟語の解説は別冊 P.14

意味 意味を書いてみましょう。 練習 つづりの練習をして覚えましょう。

STEP1 ●基礎

1 □ **smile** [smáil] 意味＿＿＿＿＿ 練習＿＿＿＿＿

2 □ **through** [θrú:] 意味＿＿＿＿＿ 練習＿＿＿＿＿

3 □ **should** [ʃúd] 意味＿＿＿＿＿ 練習＿＿＿＿＿

4 □ **better** [bétər] 意味＿＿＿＿＿ 練習＿＿＿＿＿

5 □ **try** [trái] 意味＿＿＿＿＿ 練習＿＿＿＿＿

STEP2 ●中級

6 □ **in front of ～** 意味＿＿＿＿＿ 練習＿＿＿＿＿

7 □ **later** [léitər] 意味＿＿＿＿＿ 練習＿＿＿＿＿

8 □ **Why don't you ～?** 意味＿＿＿＿＿ 練習＿＿＿＿＿

9 □ **became** [bikéim] 意味＿＿＿＿＿ 練習＿＿＿＿＿

10 □ **don't have to ～** 意味＿＿＿＿＿ 練習＿＿＿＿＿

11 □ **worry about ～** 意味＿＿＿＿＿ 練習＿＿＿＿＿

STEP3 ●上級

12 □ **traditional** [trədíʃənəl] 意味＿＿＿＿＿ 練習＿＿＿＿＿

13 □ **It looks like ～.** 意味＿＿＿＿＿ 練習＿＿＿＿＿

14 □ **communication** [kəmjù:nəkéiʃən] 意味＿＿＿＿＿ 練習＿＿＿＿＿

15 □ **successful** [səksésfəl] 意味＿＿＿＿＿ 練習＿＿＿＿＿

▼▲▼▲▼▲▼▲▼▲▼▲▼▲▼▲▼▲ 単語・熟語の意味 ▼▲▼▲▼▲▼▲▼▲▼▲▼▲▼▲▼▲

1 □動 ほほえむ
2 □前 ～を通して
3 □助 ～すべきである
4 □形 よりよい(goodの比較級)
5 □動 努める，努力する

6 □熟 ～の前に〔で，の〕
7 □副 ～後に，あとで
8 □熟 ～しませんか。
9 □動 become の過去形
10 □熟 ～する必要はない

11 □熟 ～を心配する
12 □形 伝統的な
13 □熟 ～のようだ。
14 □名 (意思などの)伝達
15 □形 成功した

☆☆次の英文を読んで，あとの設問に答えなさい。　　　　　　　　　　　（25点×4）

Lisa, a student from the US, is leaving Japan soon.　Now she is talking in front of her classmates.

Before I leave Japan, I'd like to talk about a Japanese friend of mine.

As you know, I came to this school in the third week of October.　I was interested in traditional Japanese sports.　So, I visited the *kendo* club on the first day here.　There were about ten members who were practicing *kendo*.　I wanted to talk with some girl students, but it wasn't easy because all of them were wearing *men* on their faces.　I could not talk to anyone and I was only watching.

A few minutes later, a girl came up to me.　She smiled and said, "My name is Nanami.　It looks like you love *kendo*.　Why don't you practice now?"　I was very happy and joined them.

Through *kendo* practice, Nanami became my first Japanese friend.　Some days later I asked her, "Should I speak Japanese to make more friends?"　She said, "Well, you don't have to worry about that.　I always try to smile first for better communication."

The next day I tried it with many people.　It was all successful.　I learned an important thing from Nanami: if you smile at someone, it comes back to you.

I have to go back to my country next week.　I really had a great time here.　Thank you, Nanami and my friends.

 43

◎　内容の理解　次は，菜奈美が Lisa の話のあとに彼女あてに書いたメールの一部です。本文の内容と合うように適する語を書きなさい。

Hello, Lisa.　You came to our school in the third week of ①＿＿＿＿＿ and visited the *kendo* ②＿＿＿＿＿.　We really enjoyed practicing *kendo* with you.　I was so happy to hear "Nanami became my ③＿＿＿＿＿ Japanese friend."　I am very sad that you have to go back to your country next ④＿＿＿＿＿.　I hope I can see you soon.　Take care.

◀ポイント▶

①4行目に注目。
②5～6行目に注目。
③12行目に注目。
④19行目に注目。

School and Friends 学校・友だち

単語・熟語の解説は別冊 P.14・15

意味 意味を書いてみましょう。 練習 つづりの練習をして覚えましょう。

STEP 1 ● 基礎

1 □ **finish** [fíniʃ] フィニッシュ 意味＿＿＿＿＿＿ 練習＿＿＿＿＿＿＿＿＿

2 □ **question** [kwéstʃən] クウェスチョン 意味＿＿＿＿＿＿ 練習＿＿＿＿＿＿＿＿＿

3 □ **another** [ənʌ́ðər] アナザァ 意味＿＿＿＿＿＿ 練習＿＿＿＿＿＿＿＿＿

4 □ **way** [wéi] ウェイ 意味＿＿＿＿＿＿ 練習＿＿＿＿＿＿＿＿＿

5 □ **useful** [júːsfəl] ユースフル 意味＿＿＿＿＿＿ 練習＿＿＿＿＿＿＿＿＿

STEP 2 ● 中級

6 □ **quite** [kwáit] クワイト 意味＿＿＿＿＿＿ 練習＿＿＿＿＿＿＿＿＿

7 □ **yourself** [jərsélf] ユアセルフ 意味＿＿＿＿＿＿ 練習＿＿＿＿＿＿＿＿＿

8 □ **decide** [disáid] ディサイド 意味＿＿＿＿＿＿ 練習＿＿＿＿＿＿＿＿＿

9 □ **future** [fjúːtʃər] フューチャァ 意味＿＿＿＿＿＿ 練習＿＿＿＿＿＿＿＿＿

10 □ **around** [əráund] アラウンド 意味＿＿＿＿＿＿ 練習＿＿＿＿＿＿＿＿＿

11 □ **find out ～** 意味＿＿＿＿＿＿ 練習＿＿＿＿＿＿＿＿＿

12 □ **by oneself** 意味＿＿＿＿＿＿ 練習＿＿＿＿＿＿＿＿＿

STEP 3 ● 上級

13 □ **following** [fálouiŋ] ファロウイング 意味＿＿＿＿＿＿ 練習＿＿＿＿＿＿＿＿＿

14 □ **help (...) ～** 意味＿＿＿＿＿＿ 練習＿＿＿＿＿＿＿＿＿

15 □ **in the future** 意味＿＿＿＿＿＿ 練習＿＿＿＿＿＿＿＿＿

▼▲▼▲▼▲▼▲▼▲▼▲▼▲▼▲▼▲▼▲ 単語・熟語の意味 ▼▲▼▲▼▲▼▲▼▲▼▲▼▲▼▲▼▲

1 □ 動 終える
2 □ 名 質問，問い
3 □ 形 別の，もう1つの
4 □ 名 方法，やり方
5 □ 形 役に立つ，有用な

6 □ 副 とても，非常に
7 □ 代 あなた自身(を)
8 □ 動 決心する，決める
9 □ 名 将来，未来
10 □ 前 ～のまわりに〔を〕

11 □ 熟 ～を見つけ出す
12 □ 熟 ひとりで
13 □ 形 以下の，次の
14 □ 熟 (…が)～するのに役立つ
15 □ 熟 将来(に)

☆☆次の英文を読んで，あとの設問に答えなさい。　　　　　　　　　　　（25点×4）

What do you want to do after you finish high school? Do you want to study in college or get a job?

①It is quite important to know about yourself when you decide on your future. Now try to answer ②the following questions. What are you interested in and what are you good at? How much do you know about yourself? Trying to answer these questions will help you know yourself better.

There is another way that will help you understand yourself. It is to listen to other people. You can find many people around you who can help you —— ③your teachers, parents and friends, for example. They will tell you something useful to help understand yourself. There may be many things that you can't find out by yourself.

Try to look at yourself in many ways and think about yourself, and ④this will tell you how to live in the future.

 45

(1) 〈It...to ～〉の文　下線部①を日本文になおしなさい。

（　　　　　　　　　　　　　　　　　　　　　　　　　）

(2) 内容の理解　下線部②が指す内容を日本語で書きなさい。

（　　　　　　　　　　　　　　　　　　　　　　　　　）

(3) 内容の理解　下線部③はどんな人たちなのか日本語で答えなさい。

（　　　　　　　　　　　　　　　　　　　　　　　　　）

(4) 〈how to ～〉の文　下線部④を this の内容を明らかにして，日本文になおしなさい。

（　　　　　　　　　　　　　　　　　　　　　　　　　）

◇◎ポイント◎◇

(1) It は to 以下を指す形式主語。
🖙チェック17
(2) あとに続く2文を参照する。
(3) ダッシュ（—）の前の文に注目。who は関係代名詞。
🖙チェック22
(4) how のもともとの意味に注意する。
🖙チェック15

45

School and Friends 学校・友だち

単語・熟語の解説は別冊 P.15

意味 意味を書いてみましょう。 練習 つづりの練習をして覚えましょう。

STEP1 ●基礎

1 □ **often** [ɔ́(ː)fn] オ(ー)フン 　意味＿＿＿＿＿＿　練習＿＿＿＿＿＿＿＿

2 □ **after school** 　意味＿＿＿＿＿＿　練習＿＿＿＿＿＿＿＿

3 □ **street** [stríːt] ストゥリート 　意味＿＿＿＿＿＿　練習＿＿＿＿＿＿＿＿

4 □ **arrive** [əráiv] アライヴ 　意味＿＿＿＿＿＿　練習＿＿＿＿＿＿＿＿

5 □ **look for ～** 　意味＿＿＿＿＿＿　練習＿＿＿＿＿＿＿＿

STEP2 ●中級

6 □ **at that time** 　意味＿＿＿＿＿＿　練習＿＿＿＿＿＿＿＿

7 □ **floor** [flɔ́ːr] フローア 　意味＿＿＿＿＿＿　練習＿＿＿＿＿＿＿＿

8 □ **department store** 　意味＿＿＿＿＿＿　練習＿＿＿＿＿＿

9 □ **reach** [ríːtʃ] リーチ 　意味＿＿＿＿＿＿　練習＿＿＿＿＿＿＿＿

10 □ **while** [hwáil] ホワイル 　意味＿＿＿＿＿＿　練習＿＿＿＿＿＿＿＿

11 □ **notice** [nóutis] ノウティス 　意味＿＿＿＿＿＿　練習＿＿＿＿＿＿＿＿

12 □ **mistake** [mistéik] ミステイク 　意味＿＿＿＿＿＿　練習＿＿＿＿＿＿

13 □ **as soon as ～** 　意味＿＿＿＿＿＿　練習＿＿＿＿＿＿

STEP3 ●上級

14 □ **upstairs** [ʌ̀pstéərz] アプステアズ 　意味＿＿＿＿＿＿　練習＿＿＿＿＿＿＿＿

15 □ **just like ～** 　意味＿＿＿＿＿＿　練習＿＿＿＿＿＿

単語・熟語の意味

1 □ 副 しばしば，よく
2 □ 熟 放課後
3 □ 名 通り，街路
4 □ 動 着く，到着する
5 □ 熟 ～を探す

6 □ 熟 そのとき，そのころ
7 □ 名 階，フロア
8 □ 熟 デパート，百貨店
9 □ 動 着く，到着する
10 □ 接 ～している間に

11 □ 動 気づく，わかる
12 □ 名 間違い，誤り
13 □ 熟 ～するとすぐに
14 □ 副 ２階へ，階上へ
15 □ 熟 ちょうど～のように〔な〕

☆☆次の英文を読んで，あとの設問に答えなさい。 (20点×5)

A new English teacher came to our school. Her name is Ellen, and she comes from London. She is very nice, and often plays tennis with us after school.

Last Sunday when I was walking along the street, someone called my name. It was Ellen-*sensei*. She said, "Good morning, Rumi. I want to buy a *kotatsu*. But I can't ❶speak Japanese well. Will you come with me?" When I heard this, I was very happy. But I had to visit my uncle ❷ that time. So we decided to meet later on the "first" floor of a department store at one o'clock.

I reached our meeting place at twelve fifty because I wanted to arrive there earlier than her. I sat on a chair and waited for her.

It was one fifteen. I wondered why she was late. But while I was looking at my watch, I noticed ❸my mistake. A big mistake! In England the first floor is called the ground floor. So the first floor for Ellen-*sensei* is the second floor in Japan.

I ran upstairs. There she was! She was looking for me. ❹As soon as I saw her, I talked about my mistake. Then she smiled and said, "I'm sorry. I've also made a mistake just like yours. Now, shall we go?"

It was a busy day, but I had a very good time.

🔊 47

(1) 【不規則動詞】 下線部❶の過去形と過去分詞形を書きなさい。

　　過去形： ＿＿＿＿＿＿＿　　　　過去分詞形： ＿＿＿＿＿＿＿

(2) 【熟語の知識】 ❷ に適切な前置詞を補いなさい。

　　＿＿＿＿＿＿＿

(3) 【内容の理解】 下線部❸の内容を日本語で書きなさい。

　　（　　　　　　　　　　　　　　　　　　　　　　　　　　）

(4) 【接続詞】 下線部❹を日本文になおしなさい。

　　（　　　　　　　　　　　　　　　　　　　　　　　　　　）

◯◯ポイント◯◯

(1)すべて形がかわる動詞。

(2)「そのとき」の意味になる。

◀◀左ページを見よ

(4)as soon as は従属接続詞を用いた連語。 ☞チェック21

◀◀左ページを見よ

School and Friends 学校・友だち

単語・熟語の解説は別冊 P.16

意味 意味を書いてみましょう。 練習 つづりの練習をして覚えましょう。

STEP1 ●基礎

1 □ **open** [óupən] オウプン 　意味＿＿＿＿＿　練習＿＿＿＿＿＿＿

2 □ **from ～ to ...** 　意味＿＿＿＿＿　練習＿＿＿＿＿＿＿

3 □ **close** [klóuz] クロウズ 　意味＿＿＿＿＿　練習＿＿＿＿＿＿＿

4 □ **holiday** [hálədèi] ハリデイ 　意味＿＿＿＿＿　練習＿＿＿＿＿＿＿

5 □ **bring** [bríŋ] ブリング 　意味＿＿＿＿＿　練習＿＿＿＿＿＿＿

6 □ **until** [əntíl] アンティル 　意味＿＿＿＿＿　練習＿＿＿＿＿＿＿

7 □ **at home** 　意味＿＿＿＿＿　練習＿＿＿＿＿＿＿

STEP2 ●中級

8 □ **accept** [əksépt] アクセプト 　意味＿＿＿＿＿　練習＿＿＿＿＿＿＿

9 □ **return** [ritə́ːrn] リターン 　意味＿＿＿＿＿　練習＿＿＿＿＿＿＿

STEP3 ●上級

10 □ **ID** [áidíː] アイディー 　意味＿＿＿＿＿　練習＿＿＿＿＿＿＿

11 □ **application** [æplikéiʃən] アプリケイション 　意味＿＿＿＿＿　練習＿＿＿＿＿＿＿

12 □ **form** [fɔ́ːrm] フォーム 　意味＿＿＿＿＿　練習＿＿＿＿＿＿＿

13 □ **counter** [káuntər] カウンタァ 　意味＿＿＿＿＿　練習＿＿＿＿＿＿＿

14 □ **up to ～** 　意味＿＿＿＿＿　練習＿＿＿＿＿＿＿

15 □ **any time** 　意味＿＿＿＿＿　練習＿＿＿＿＿＿＿

▼▲▼▲▼▲▼▲▼▲▼▲▼▲▼▲▼▲（ 単語・熟語の意味 ）▼▲▼▲▼▲▼▲▼▲▼▲▼▲▼▲

1 □ 形 あいている
2 □ 熟 ～から…まで
3 □ 動 閉める
4 □ 名 休日，祭日
5 □ 動 持ってくる

6 □ 前 ～まで(ずっと)
7 □ 熟 家で，在宅して
8 □ 動 受け取る
9 □ 動 返す，もどす
10 □ 名 身分証明(書)

11 □ 名 申し込み，願書
12 □ 名 (申し込み)用紙
13 □ 名 カウンター
14 □ 熟 ～まで
15 □ 熟 いつでも

☆☆次の英文を読んで，あとの設問に答えなさい。

（50点×2）

> 図書館の利用についての説明の一部です。
>
> Our library is usually open from Tuesdays to Sundays. The opening hours are from 9 am to 8 pm. We close on Mondays and on holidays like New Year's Day. We have special holidays during "Golden Week" in April and May.
>
> If you want to borrow books from the library, you must get a library card. First, bring an ID card that shows your name, your birthday and your address. Second, write these on the application form. Then, bring the form with your ID card to Counter 1. We can accept applications until 7 pm from Tuesdays to Saturdays. On Sundays, we can accept them until 4 pm.
>
> When you find books you want to read at home, bring them with your library card to Counter 4. You may keep up to six books for two weeks. When you return the books, bring them to Counter 3. You can also use the book drop any time.
>
> You can borrow CDs and DVDs from the library too, but you can't use the book drop to return them.
>
> [注]　book drop　返却ポスト
>
>  49

◎ 内容の理解 本文の内容に合うものを2つ選びなさい。

ア 開館時間は通常午前9時から午後8時までであるが，日曜日は午後4時までである。

イ 図書館カードを作るには2週間かかる。

ウ 図書館カードを作るための申し込み用紙を書いたら，1番カウンターに持って行く。

エ 日曜日に図書館カードを作るには，午後4時までに申し込み用紙を出す必要がある。

オ 借りられる本は1度に6冊までで，3週間借りて読むことができる。

カ 本やCD，DVDの返却はすべて返却ポストを通してすることができる。

ポイント

ア日曜日の午後4時というのは何の時間か確認する。

イ・ウ第2段落の内容から考える。

エ第2段落の最後の文を参照する。

オ第3段落の内容から考える。

カ最後の1文から考える。

まとめて覚えよう **2**

基本動詞で始まる熟語(1)

be	be able to 〜（〜することができる）, be absent from 〜（〜を欠席する）, be afraid of 〜（〜をこわがる）, be different from 〜（〜と違う）, be famous for 〜（〜で有名である）, be fond of 〜（〜が好きである）, be full of 〜（〜でいっぱいである）, be happy[glad] to 〜（〜してうれしい）, be good at 〜（〜が得意〔上手〕である）, be interested in 〜（〜に興味がある）, be late for 〜（〜に遅れる）, be made of 〜（〜でできている）, be sure (that) 〜（〜であることを確信している）, be surprised at[to] 〜（〜に〔〜して〕驚く）, be tired of 〜（〜にあきる）

☑ I *am able to* run faster than John.

（私はジョンより速く走ることができます。）

☑ She *was absent from* school with a cold.

（彼女はかぜで学校を休みました。）

☑ *Are* you *afraid of* dogs?　（あなたは犬がこわいのですか。）

☑ City life *is* very *different from* country life.

（都会生活は田舎生活とはずいぶん違います。）

☑ The Potomac River *is famous for* its cherry blossoms.

（ポトマック川はサクラの花で有名です。）

☑ I *am fond of* playing the piano.

（私はピアノを弾くことが好きです。）

☑ The box *was full of* toys.

（その箱にはおもちゃがいっぱい入っていました。）

☑ I'm *happy to* see you again.

（またお会いできてうれしいです。）

☑ He *is good at* speaking English.

（彼は英語を話すのがうまいです。）

☑ I *am* not *interested in* learning how to drive.

（私は車の運転を習うことに興味がありません。）

☑ Don't *be late for* work.　（仕事に遅れてはいけません。）

☑ This desk *is made of* wood.　（この机は木でできています。）

☑ We *are sure* (*that*) he is innocent.

（私たちは彼が無罪だと確信しています。）

☑ We *were surprised at* the fact.

（その事実に私たちは驚きました。）

☑ I *am tired of* playing video games.　（テレビゲームをするのにあきました。）

come	**come back (to ～)** ((～に) もどる)，**come from ～** (～の出身である，～に由来する)，**come home** (帰宅する)，**come out** (出てくる，(花が) 咲く)，**come true** (実現する)，**come up (to ～)** ((～に)近づく)

☑ Has she *come back* yet?　（彼女はもうもどりましたか。）

☑ Where does he *come from*? ―― He *comes from* Kyushu.

（彼はどこの出身ですか。―― 九州の出身です。）

☑ He has not *come home* yet.　（彼はまだ帰宅していません。）

☑ The roses will *come out* next week.

（バラの花は来週咲くでしょう。）

☑ I hope all your dreams *come true*.

（あなたの夢がすべて実現すればいいですね。）

☑ An old man *came up to* me.　（老人が私に近づいて来ました。）

get	**get off (～)** ((～から)降りる)，**get on (～)** ((～に)乗る)，**get to ～** (～に着く)，**get up** (起きる)

☑ I *got off* the bus at the next stop.

（私は次のバス停でバスを降りました。）

☑ The bus came and we *got on*.　（バスが来たので私たちは乗り込みました。）

☑ What time will this train *get to* New York?

（この列車は何時にニューヨークに着きますか。）

☑ I *get up* at six every morning.　（私は毎朝6時に起きます。）

学校・友だち

月　　日

点

解答は別冊 P.16・17

1 次の英語は日本語に，日本語は英語になおしなさい。　　　　（2点×18）

(1) number （　　　　　）　　(2) thing （　　　　　）

(3) reach （　　　　　）　　(4) mistake （　　　　　）

(5) another （　　　　　）　　(6) decide （　　　　　）

(7) popular （　　　　　）　　(8) through （　　　　　）

(9) 休日，休暇 ＿＿＿＿＿　　(10) 同じ ＿＿＿＿＿

(11) 示す ＿＿＿＿＿　　(12) 重要な ＿＿＿＿＿

(13) 練習する ＿＿＿＿＿　　(14) しばしば ＿＿＿＿＿

(15) 通り，街路 ＿＿＿＿＿　　(16) 終える ＿＿＿＿＿

(17) 答える ＿＿＿＿＿　　(18) 役に立つ ＿＿＿＿＿

2 次の **AB** と **CD** の関係がほぼ同じになるように，**D** に適語を入れなさい。　（2点×6）

A	B	C	D
(1) tall	taller	good	＿＿＿＿＿
(2) early	late	easy	＿＿＿＿＿
(3) have	had	understand	＿＿＿＿＿
(4) go	went	speak	＿＿＿＿＿
(5) can	could	shall	＿＿＿＿＿
(6) I	myself	you	＿＿＿＿＿

3 次の語群を，日本文に合うように並べかえなさい。　　　　（6点×2）

(1) あなたは将来何になりたいですか。

(do / want / future / you / in / be / the / what / to / ?)

＿＿＿＿＿＿＿＿＿＿＿＿＿＿＿＿＿＿＿＿＿＿

(2) 私はこの種の話に興味はありません。

(this / not / story / kind / I'm / in / interested / of / .)

＿＿＿＿＿＿＿＿＿＿＿＿＿＿＿＿＿＿＿＿＿＿

4 次の英文はカレン・ミラー(Karen Miller)さんが日本の学校にあてた手紙の一部です。これを読んで，あとの設問に答えなさい。

(40点)

My name is Karen Miller. I was born in Kamakura in 1995. My mother is Japanese, and my father is an American who is from New York. My family moved to Boston six months after I was born, and I have grown up here. I have dark hair and brown eyes. I look Japanese, but I am sorry I am not good at ❶(speak) Japanese, because my mother has never ❷(speak) to me in Japanese.

When I was a child, she often ❸(tell) me about Japan in English, so I have been interested (Ⓐ) the language you speak and your way of life which is different (Ⓑ) ours.

From this year I am very happy that I can live in Japan for a few years or more. I am now planning to go to Japan next September, and I am going to work in your English classes as one of the teachers. I look forward to speaking English with you all.

It is great fun (Ⓒ) me to learn a foreign language, and I want to study Japanese and learn more about Japanese people.

You learn English and I learn Japanese. I believe it is quite important to communicate with each other in foreign languages.

Let's enjoy ❹(learn) Japanese and English.

[注] grow up：育つ　　way of life：生活様式　　〜 or more：〜かそれ以上
communicate with 〜：〜と意思が通じ合う　　🔊 53

(1) ❶〜❹の（ ）内の語をそれぞれ1語の適切な形にかえなさい。 (4点×4)

❶ ＿＿＿＿＿＿＿　　❷ ＿＿＿＿＿＿＿

❸ ＿＿＿＿＿＿＿　　❹ ＿＿＿＿＿＿＿

(2) Ⓐ〜Ⓒの（ ）内にそれぞれ適切な前置詞を補いなさい。 (4点×3)

Ⓐ ＿＿＿＿＿＿＿　　Ⓑ ＿＿＿＿＿＿＿　　Ⓒ ＿＿＿＿＿＿＿

(3) 次の質問に日本語で答えなさい。 (6点×2)

① カレン一家はいつボストンに引っ越しましたか。 （　　　　　　　　　）

② カレンが日本でしたいことは何ですか。 （　　　　　　　　　）

学校・友だち

解答は別冊 P.17・18

☆☆次の英文を読んで，あとの設問に答えなさい。

Kenta and Hideki were on the volleyball team at their school. They were very happy when they were told to play in the game the next Saturday for the first time.

①<u>The day</u> came, and they left home about ten in the morning. It was a very cold and snowy day. The wind sometimes blew hard. ②<u>On the way to school, they saw an old woman who was sitting on the side of the road.</u> There were no houses around.

Kenta said, "Excuse me, but may I help you?"

"Oh, yes, please. I slipped on snow and sprained my ankle. I don't think I can walk," she said. "Can you take me home? ③<u>It will be about a thirty minute walk from here to my house.</u>"

Kenta thought they would not be able to play in the game if they took her home. He said, "I want to play in my first game. We should call her family. If we use the phone, we can both help her and play in the game."

"I know that, and I'd like to play in the game, too. ④<u>But she (take / her / wants / us / to) home.</u> It is very cold here. We can't leave her ⑤<u>alone</u>. We should take her home," said Hideki.

Kenta thought for some time and said he would go with Hideki.

Hideki carried her on his back and then Kenta carried her on his back. The old woman talked to the boys about many things on the way. She thanked them many times. Kenta and Hideki were very happy when they heard her words.

⑥<u>At last</u> they got to her house. All her family said, "Thank you so much."
The old woman said to her son, "Can you take the two kind boys to their school in your car? They are going to play in their first volleyball game today." Her son's answer was, of course, yes.

Kenta and Hideki were very glad to hear ⑦<u>that</u>.

[注]　wind：風　　blew：blow(吹く)の過去形　　hard：激しく　　slip：すべる

　　　sprain：くじく，ねんざする　　ankle：足首　　carry 〜 on one's back：〜を背負う

(1) 下線部❶の The day とはどんな日か，具体的に日本語で説明しなさい。　　（10点）

(　　　　　　　　　　　　　　　　　　　　　　　　　　　　　　　）

(2) 下線部❷・❸を日本文になおしなさい。　　　　　　　　　　　（10点×2）

❷ (　　　　　　　　　　　　　　　　　　　　　　　　　　　　）

❸ (　　　　　　　　　　　　　　　　　　　　　　　　　　　　）

(3) 下線部❹の (　) 内の語を，正しい英文になるように並べかえなさい。（10点）

But she ＿＿＿＿＿＿＿＿＿＿＿＿＿＿＿＿＿＿＿＿＿＿ home.

(4) 下線部❺とほぼ同じ意味を表すものを1つ選びなさい。　　　　　（10点）

ア　for herself　　　　　　イ　in fact

ウ　by herself　　　　　　エ　at once

(5) 下線部❻と同じ意味を表す1語を書きなさい。ただし，Fで始まる語とします。（10点）

＿＿＿＿＿＿＿＿

(6) 下線部❼の that の具体的な内容を日本語で書きなさい。　　　（10点）

(　　　　　　　　　　　　　　　　　　　　　　　　　　　　　　　）

(7) 本文の内容と合うように，次の (　　　) 内に適する語(句)を下から選んで記号を答えなさい。　　　　　　　　　　　　　　　　　　　　　　　　（10点×3）

　　One Saturday morning, Kenta and Hideki were going to their school to play in their first volleyball game. On the way, they ((a)) an old woman on the side of the road. She said she couldn't walk and asked them ((b)) her home. Kenta thought they would not be able to play in the game if they went to her house. At first Kenta didn't want to take her home. He thought calling her family would be better. However, he changed his ((c)).

(a) (　　　)　　(b) (　　　)　　(c) (　　　)

ア　house　　　　　　　イ　calling　　　　　　ウ　mind

エ　found　　　　　　　オ　had to　　　　　　カ　to take

55

Short Stories ① 物語①

単語・熟語の解説は別冊 P.18

意味 意味を書いてみましょう。 練習 つづりの練習をして覚えましょう。

STEP1 ●基礎

1 □ **student** [st(j)úːdənt] ストゥーデント 意味＿＿＿＿＿ 練習＿＿＿＿＿＿＿＿＿

2 □ **always**[ɔ́ːlweiz] オールウェイズ 意味＿＿＿＿＿ 練習＿＿＿＿＿＿＿＿＿

3 □ **look at ～** 意味＿＿＿＿＿ 練習＿＿＿＿＿＿＿＿＿

4 □ **right** [ráit] ライト 意味＿＿＿＿＿ 練習＿＿＿＿＿＿＿＿＿

STEP2 ●中級

5 □ **homework** [hóumwə̀ːrk] ホウムワーク 意味＿＿＿＿＿ 練習＿＿＿＿＿＿＿＿＿

6 □ **free** [fríː] フリー 意味＿＿＿＿＿ 練習＿＿＿＿＿＿＿＿＿

7 □ **make mistakes** 意味＿＿＿＿＿ 練習＿＿＿＿＿＿＿＿＿

8 □ **one day** 意味＿＿＿＿＿ 練習＿＿＿＿＿＿＿＿＿

9 □ **math** [mǽθ] マス 意味＿＿＿＿＿ 練習＿＿＿＿＿＿＿＿＿

10 □ **at the same time** 意味＿＿＿＿＿ 練習＿＿＿＿＿＿＿＿＿

11 □ **call ～ to ...** 意味＿＿＿＿＿ 練習＿＿＿＿＿＿＿＿＿

12 □ **this time** 意味＿＿＿＿＿ 練習＿＿＿＿＿＿＿＿＿

13 □ **happen** [hǽpən] ハプン 意味＿＿＿＿＿ 練習＿＿＿＿＿＿＿＿＿

14 □ **help ～ with ...** 意味＿＿＿＿＿ 練習＿＿＿＿＿＿＿＿＿

STEP3 ●上級

15 □ **sum** [sʌ́m] サム 意味＿＿＿＿＿ 練習＿＿＿＿＿＿＿＿＿

▼▲▼▲▼▲▼▲▼▲▼▲▼▲▼▲▼ 単語・熟語の意味 ▼▲▼▲▼▲▼▲▼▲▼▲▼▲▼▲▼

1 □ 名 生徒，学生

2 □ 副 いつも，常に

3 □ 熟 ～を見る

4 □ 形 正しい

5 □ 名 宿題

6 □ 形 ひまな，自由な

7 □ 熟 間違いをする

8 □ 熟 ある日

9 □ 名 数学，算数

10 □ 熟 同時に

11 □ 熟 ～を…に呼ぶ

12 □ 熟 今度は，今回は

13 □ 動 起こる

14 □ 熟 ～の…を手伝う

15 □ 名 （算数の）計算

1 WHO DID THE HOMEWORK? 宿題をしたのはだれ?

解答・考え方は別冊 P.18・19

☆☆次の英文を読んで，あとの設問に答えなさい。 （20点×5）

John was ten years old. He was not a very good student, and he did not like doing his homework because he had many interesting things ① in his free time. Often he did not do his homework, and when he did it, he always made a lot of mistakes.

One day, his math teacher looked at John's homework. All his sums were right! The teacher was very happy, and at the same time very ② . He called John to his desk and said to him, "You didn't make any mistakes this time, John. ③ happened? Your father helped you, ④ he?"

"No," answered John. "Usually my father helps me with my homework, but last night he couldn't because he was ⑤ busy. So I had to do it by myself."

57

(1) 不　定　詞　 ① にあてはまる語句を１つ選びなさい。

ア　do　　　　イ　doing　　　　ウ　to do　　　エ　did

(2) 内容の理解　 ② にあてはまる語を１つ選びなさい。

ア　surprised　イ　interesting　ウ　tired　　　エ　easy

(3) 疑　問　詞　 ③ にあてはまる語を１つ選びなさい。

ア　Which　　　イ　How　　　　ウ　Why　　　エ　What

(4) 付加疑問文　 ④ に適切な１語を書きなさい。

＿＿＿＿＿＿＿

(5) 反　意　語　下線部⑤の反意語を文中から書き出しなさい。

＿＿＿＿＿＿＿

○◇ポイント◇○

(1)前の things を修飾する形になる。
☞チェック14
(3)「どうしたのですか」→「何が起こったのですか」と考える。
(4)付加疑問文にする。主文の動詞は過去形であることに注意。
☞チェック32
(5)「ひまな」は？
◀左ページを見よ

Short Stories ① 物語①

 セクション **4**

単語・熟語の解説は別冊 P.19

意味 意味を書いてみましょう。 練習 つづりの練習をして覚えましょう。

STEP1 ●基礎

1 □ **train** [tréin] トゥレイン 意味＿＿＿＿＿ 練習＿＿＿＿＿

2 □ **hard** [há:rd] ハード 意味＿＿＿＿＿ 練習＿＿＿＿＿

3 □ **stone** [stóun] ストウン 意味＿＿＿＿＿ 練習＿＿＿＿＿

STEP2 ●中級

4 □ **be known as ～** 意味＿＿＿＿＿ 練習＿＿＿＿＿

5 □ **soldier** [sóuldʒər] ソウルヂャァ 意味＿＿＿＿＿ 練習＿＿＿＿＿

6 □ **trick** [trík] トゥリック 意味＿＿＿＿＿ 練習＿＿＿＿＿

7 □ **loudly** [láudli] ラウドリィ 意味＿＿＿＿＿ 練習＿＿＿＿＿

8 □ **clearly** [klíərli] クリアリィ 意味＿＿＿＿＿ 練習＿＿＿＿＿

9 □ **remain** [riméin] リメイン 意味＿＿＿＿＿ 練習＿＿＿＿＿

10 □ **silent** [sáilənt] サイレント 意味＿＿＿＿＿ 練習＿＿＿＿＿

11 □ **right away** 意味＿＿＿＿＿ 練習＿＿＿＿＿

12 □ **voice** [vɔ́is] ヴォイス 意味＿＿＿＿＿ 練習＿＿＿＿＿

STEP3 ●上級

13 □ **strict** [stríkt] ストゥリクト 意味＿＿＿＿＿ 練習＿＿＿＿＿

14 □ **officer** [ɔ́:fisər] オーフィサァ 意味＿＿＿＿＿ 練習＿＿＿＿＿

15 □ **get along well** 意味＿＿＿＿＿ 練習＿＿＿＿＿

単語・熟語の意味

1 □ 動 訓練する
2 □ 形 かたい，厳しい
3 □ 名 石
4 □ 熟 ～として知られている
5 □ 名 軍人，兵隊

6 □ 名 いたずら，たくらみ
7 □ 副 大きな声で
8 □ 副 はっきりと
9 □ 動 ～のままでいる
10 □ 形 黙っている

11 □ 熟 今すぐ，直ちに
12 □ 名 声
13 □ 形 厳しい
14 □ 名 将校，士官
15 □ 熟 うまくやっていく

☆☆次の英文を読んで，あとの設問に答えなさい。　　　　　　　　（20点×5）

Mr. Stone was known as a strict officer with new soldiers. He had some new soldiers to train this year, too.

He met them for the first time, and began: "My name is Stone. I am much harder than stone, so do what I tell you, or there will be trouble. Don't try any tricks with me and we will get along well with each other."

He went up to the soldiers and asked each of them his name. "Speak loudly, so everybody can hear you clearly," he said, "and don't forget to call me 'sir'."

Each soldier told him his name until he came to the last one. This man remained silent, and Mr. Stone shouted, "When I ask you a question, you must answer right away. I ask you again: What is your name?"

"Yes, sir! My name is ...." "Answer right now," he shouted again.

"My name is Stonebreaker, sir," the new soldier said in a low voice.

[注] what I tell you：私の言うこと　　stonebreaker：石を砕く人

🔊 59

◎ 　内容の理解　 本文の内容に合うものには○を，合わないものは×を書きなさい。

ア 〔　　〕 Mr. Stone always tried to be kind to new and old soldiers.

イ 〔　　〕 Mr. Stone had only one new soldier this year.

ウ 〔　　〕 Mr. Stone told the soldiers not to try any tricks with him in order to get along well with each other.

エ 〔　　〕 Each of the new soldiers was asked to tell his name and address.

オ 〔　　〕 The last soldier did not tell his name at first because he could not hear well.

○ポイント○

ア第1文に注目する。
イ第2文に注目する。
ウ5〜6行目に注目する。
エ7〜8行目に注目する。
オ最後の3行に注目する。

Short Stories ① 物語①

単語・熟語の解説は別冊 P.19

意味 意味を書いてみましょう。 練習 つづりの練習をして覚えましょう。

STEP 1 ●基礎

1 □ **farm** [fá:rm] ファーム 意味＿＿＿＿＿ 練習＿＿＿＿＿

2 □ **sleep** [slí:p] スリープ 意味＿＿＿＿＿ 練習＿＿＿＿＿

STEP 2 ●中級

3 □ **horse** [hɔ́:rs] ホース 意味＿＿＿＿＿ 練習＿＿＿＿＿

4 □ **daily** [déili] デイリィ 意味＿＿＿＿＿ 練習＿＿＿＿＿

5 □ **paid** [péid] ペイド 意味＿＿＿＿＿ 練習＿＿＿＿＿

6 □ **several** [sévərəl] セヴラル 意味＿＿＿＿＿ 練習＿＿＿＿＿

7 □ **all day** 意味＿＿＿＿＿ 練習＿＿＿＿＿

8 □ **not ～ at all** 意味＿＿＿＿＿ 練習＿＿＿＿＿

9 □ **pull** [púl] プル 意味＿＿＿＿＿ 練習＿＿＿＿＿

10 □ **out of ～** 意味＿＿＿＿＿ 練習＿＿＿＿＿

11 □ **a piece of ～** 意味＿＿＿＿＿ 練習＿＿＿＿＿

STEP 3 ●上級

12 □ **be quick at ～ing** 意味＿＿＿＿＿ 練習＿＿＿＿＿

13 □ **teach ... to ～** 意味＿＿＿＿＿ 練習＿＿＿＿＿

14 □ **lazy** [léizi] レイズィ 意味＿＿＿＿＿ 練習＿＿＿＿＿

15 □ **cart** [ká:rt] カート 意味＿＿＿＿＿ 練習＿＿＿＿＿

▼▲▼▲▼▲▼▲▼▲▼▲▼▲▼▲ 単語・熟語の意味 ▼▲▼▲▼▲▼▲▼▲▼▲▼▲▼▲

1 □ 名 農場　　　　　　6 □ 形 いくつかの　　　　11 □ 熟 1枚の（紙など）

2 □ 動 眠る　　　　　　7 □ 熟 一日中　　　　　　12 □ 熟 ～するのがすばやい

3 □ 名 馬　　　　　　　8 □ 熟 まったく～ない　　13 □ 熟 …に～することを教える

4 □ 形 毎日の　　　　　9 □ 動 引く　　　　　　　14 □ 形 怠け者の，怠惰な

5 □ 動 pay(払う)の過去形　10 □ 熟 ～から(外へ)　　15 □ 名 馬車，カート

☆☆次の英文を読んで，あとの設問に答えなさい。 (20点×5)

One day Henry wanted to buy a horse that would help him a lot with his daily work. He went to his friend's farm, and found a young horse. He paid five hundred dollars for it.

Henry gave the horse a lot of food and was very kind to it. The horse was quick at learning, so he taught it to read.

After several years, however, the horse became very lazy. It liked to sleep all day, and it didn't want to work at all. One morning Henry wanted to go to town and told the horse to pull the cart. But it didn't want to pull the cart.　　　　　 Just then his brother came out of the house.

"All right," he said. "I have a good idea!" He took out a piece of paper from his pocket and wrote on it:

DOES ANYONE WANT TO BUY THIS HORSE? GOOD DOG FOOD

He showed it to the horse. As soon as the horse saw the paper, it began to pull the cart. After that, it was never lazy again.

🔊 61

(1) 〔内容の理解〕 空所に適語を入れ，問答を完成しなさい。

(a) Was the horse young or old when Henry bought it?

It was _____.

(b) What was the horse quick at?

It was quick at _____.

(c) How was the horse after several years?

It was very _____.

(d) Who had a good idea?

_____ _____ did.

(2) 〔内容の理解〕 　　　にあてはまる文を１つ選びなさい。

ア　Henry knew how to go to town.

イ　Henry was very happy about that.

ウ　Henry gave the horse to his friend.

エ　Henry didn't know what to do.

◖ポイント◗

(1)(a)ヘンリーが買ったとき馬は若かったのか年とっていたのか？

(b)馬は何をするのがすばやかったのか？

(c)数年後，馬はどうだったか？

(d)いい考えを持ち出したのはだれか？

(2)馬がヘンリーの言うことを聞かない状況であることから考える。

Short Stories ① 物語①

単語・熟語の解説は別冊 P.20

意味 意味を書いてみましょう。 練習 つづりの練習をして覚えましょう。

STEP1 ●基礎

1 □ **son** [sʌ́n] ^{サン}　　意味＿＿＿＿＿＿　練習＿＿＿＿＿＿＿＿＿＿＿＿

2 □ **lady** [léidi] ^{レイディ}　　意味＿＿＿＿＿＿　練習＿＿＿＿＿＿＿＿＿＿＿＿

3 □ **gentleman** [dʒéntlmən] ^{チェントゥルマン}　意味＿＿＿＿＿＿　練習＿＿＿＿＿＿＿＿＿

4 □ **engine** [éndʒin] ^{エンヂン}　　意味＿＿＿＿＿＿　練習＿＿＿＿＿＿＿＿＿

5 □ **plane** [pléin] ^{プレイン}　　意味＿＿＿＿＿＿　練習＿＿＿＿＿＿＿＿＿＿＿＿

6 □ **hour** [áuər] ^{アウア}　　意味＿＿＿＿＿＿　練習＿＿＿＿＿＿＿＿＿＿＿＿

STEP2 ●中級

7 □ **spent** [spént] ^{スペント}　　意味＿＿＿＿＿＿　練習＿＿＿＿＿＿＿＿＿＿＿＿

8 □ **captain** [kǽptən] ^{キャプテン}　　意味＿＿＿＿＿＿　練習＿＿＿＿＿＿＿＿＿

9 □ **voice** [vɔ́is] ^{ヴォイス}　　意味＿＿＿＿＿＿　練習＿＿＿＿＿＿＿＿＿＿＿＿

10 □ **right-hand** [ráithænd] ^{ライトハンド}　意味＿＿＿＿＿＿　練習＿＿＿＿＿＿＿＿＿

11 □ **side** [sáid] ^{サイド}　　意味＿＿＿＿＿＿　練習＿＿＿＿＿＿＿＿＿＿＿＿

12 □ **spoke** [spóuk] ^{スポウク}　　意味＿＿＿＿＿＿　練習＿＿＿＿＿＿＿＿＿＿＿＿

13 □ **turn to ～**　　意味＿＿＿＿＿＿　練習＿＿＿＿＿＿＿＿＿＿＿＿

14 □ **all night**　　意味＿＿＿＿＿＿　練習＿＿＿＿＿＿＿＿＿＿＿＿

STEP3 ●上級

15 □ **flight** [fláit] ^{フライト}　　意味＿＿＿＿＿＿　練習＿＿＿＿＿＿＿＿＿＿＿＿

▼▲▼▲▼▲▼▲▼▲▼▲▼▲▼▲▼▲（ 単語・熟語の意味 ）▼▲▼▲▼▲▼▲▼▲▼▲▼▲▼▲

1 □ 名 息子　　　　6 □ 名 1 時間　　　　11 □ 名 側面，～側

2 □ 名 婦人，女性　　7 □ 動 spend(過ごす)の過去形　12 □ 動 speak(話す)の過去形

3 □ 名 紳士　　　　8 □ 名 機長，船長　　13 □ 熟 ～のほうを向く

4 □ 名 エンジン　　9 □ 名 声　　　　　14 □ 熟 一晩中

5 □ 名 飛行機　　　10 □ 形 右の，右手の　15 □ 名 飛行(便)，飛行機

▼▲

4 IN THE SKY 空に

解答・考え方は別冊 P.20

★★次の英文を読んで，あとの設問に答えなさい。　　　　　　　　　　　　（25点×4）

Mr. Anderson and his five-year-old son Kevin were on a flight from America to Australia. They were talking about the happy time they spent in America. Then they heard the captain's voice.

"Ladies and gentlemen, if you look out of the window on the right-hand side, you will see that one of the engines has stopped working. Please don't worry. We can reach Australia with three engines. The plane will arrive one hour late."

About thirty minutes later, the captain spoke again. "If you look out of the window on the left-hand side, you will see that another engine has stopped. Please don't worry. We can reach Australia with two engines. The plane will arrive two hours late."

One hour later, he spoke again: "Another engine has stopped. Please don't worry. We can reach Australia with one engine. The plane will arrive four hours late."

Kevin turned to his father and said, "I hope the other engine doesn't stop."

"Oh, why do you say so?" asked his father. "Because <u>if it does, we will be up here all night</u>."

 63

(1) 内容の理解　次の質問に日本語で答えなさい。

(a) アンダーソン親子が乗った飛行機はいくつのエンジンがありましたか。　　　　　　　　　（　　　　　　　）

(b) 機長の３回目のアナウンスは最初のアナウンスからどれくらいの時間がたっていましたか。　　（　　　　　　　）

(2) 内容の理解　次の質問に英文で答えなさい。

Did Mr. Anderson and his son have a good time in America?

_____

(3) 内容の理解　下線部を日本語になおしなさい。ただし，it does や here が具体的に指す内容をはっきりさせること。

（　　　　　　　　　　　　　　　　　　　　　）

●ポイント●

(1)(a)４～６行目に注目する。

(b)第３段落と第４段落の冒頭の文に注目する。

(2)２～３行目に注目する。

(3)it does については直前のケビンの発言に注目する。

here は今どこにいるかを考える。

セクション 4 Short Stories ① 物語①

単語・熟語の解説は別冊 P.20・21

意味 意味を書いてみましょう。練習 つづりの練習をして覚えましょう。

STEP1 ●基礎

1 □ **old** [óuld] **オウルド**　意味＿＿＿＿＿＿　練習＿＿＿＿＿＿＿＿＿＿＿

2 □ **sick** [sík] **スィック**　意味＿＿＿＿＿＿　練習＿＿＿＿＿＿＿＿＿＿＿

3 □ **room** [rú:m] **ルーム**　意味＿＿＿＿＿＿　練習＿＿＿＿＿＿＿＿＿＿＿

4 □ **already** [ɔ:lrédi] **オールレディ**　意味＿＿＿＿＿＿　練習＿＿＿＿＿＿＿＿＿

5 □ **cut** [kʌt] **カット**　意味＿＿＿＿＿＿　練習＿＿＿＿＿＿＿＿＿＿＿

6 □ **together** [təgéðər] **トゥゲ ザァ**　意味＿＿＿＿＿＿　練習＿＿＿＿＿＿＿＿

7 □ **village** [vílidʒ] **ヴィレッヂ**　意味＿＿＿＿＿＿　練習＿＿＿＿＿＿＿＿＿

8 □ **still** [stíl] **スティル**　意味＿＿＿＿＿＿　練習＿＿＿＿＿＿＿＿＿＿＿

STEP2 ●中級

9 □ **long ago**　意味＿＿＿＿＿＿　練習＿＿＿＿＿＿＿＿＿＿＿

10 □ **die** [dái] **ダイ**　意味＿＿＿＿＿＿　練習＿＿＿＿＿＿＿＿＿＿＿

11 □ **cow** [káu] **カウ**　意味＿＿＿＿＿＿　練習＿＿＿＿＿＿＿＿＿＿＿

12 □ **divide** [diváid] **ディヴァイド**　意味＿＿＿＿＿＿　練習＿＿＿＿＿＿＿＿＿

13 □ **wise** [wáiz] **ワイズ**　意味＿＿＿＿＿＿　練習＿＿＿＿＿＿＿＿＿＿＿

14 □ **in this way**　意味＿＿＿＿＿＿　練習＿＿＿＿＿＿＿＿＿＿＿

STEP3 ●上級

15 □ **give back ～**　意味＿＿＿＿＿＿　練習＿＿＿＿＿＿＿＿＿＿＿

▼▲▼▲▼▲▼▲▼▲▼▲▼▲▼▲▼▲ 単語・熟語の意味 ▼▲▼▲▼▲▼▲▼▲▼▲▼▲▼▲▼

1 □ 形 年をとった
2 □ 形 病気の
3 □ 名 部屋
4 □ 副 もう，すでに
5 □ 動 切る，切断する

6 □ 副 いっしょに，共に
7 □ 名 村，村落
8 □ 副 まだ，それでも
9 □ 熟 ずっと以前に，昔
10 □ 動 死ぬ

11 □ 名 牛，め牛
12 □ 動 分ける
13 □ 形 賢い，博識な
14 □ 熟 このように（して）
15 □ 熟 ～をもどす〔返す〕

5 | HOW TO DIVIDE THE COWS 牛の配分のしかた

解答・考え方は別冊 P.21

★★次の英文を読んで，あとの設問に答えなさい。 (20点×5)

Long ago, an old man, John Smith, lived with his sons on a big farm. One day he became very sick and he knew he was going to die, so he called his sons to his room.

"Sons," he said, "I have already given one horse to Pete, four to Dean and eight to Bob. Now, I will give one half of my cows to Pete, one-third to Dean, and one-ninth to Bob. ❶I want you to divide the cows. Do not cut any of them."

The next day he died.

Now, the sons had seventeen cows among them. It was so difficult for them to divide the cows! They thought and thought together, but they could not divide the cows. So they went to a wise man in the village and said, "❷We don't know how to divide the cows. Please help us."

"Your father was very kind to me," the wise man said, "I have two cows. I will give one of them to you."

The sons thanked the wise man and took the cow home. Now they had eighteen cows, so they could divide the cows. Pete took ❸, Dean took ❹, and Bob took ❺. They divided the cows and they still had one more cow. They were able to give back the wise man's cow. In this way no one lost anything.

[注] one half：2分の1　　one-third：3分の1　　one-ninth：9分の1　　🔊 65

(1) **want＋O＋to ～** 下線部❶を日本文になおしなさい。

（　　　　　　　　　　　　　　　　　　　　　　　　　　）

(2) **疑問詞＋to ～** 下線部❷を日本文になおしなさい。

（　　　　　　　　　　　　　　　　　　　　　　　　　　）

(3) **内容の理解** ❸～❺にあてはまる数字を英語で書きなさい。

❸ ＿＿＿＿＿＿＿　　❹ ＿＿＿＿＿＿＿

❺ ＿＿＿＿＿＿＿

○🔵ポイント🔵○

(1)〈want ... to ～〉の構文。
☞チェック16
(2)〈how to ～〉はどう訳すのか。
☞チェック15
(3)第2段落の配分率をもとに考える。

65

物語①

解答は別冊 P.21・22

1　次の英語は日本語に，日本語は英語になおしなさい。　　　　　（2点×18）

(1)	together	（　　　　）	(2)	already	（　　　　）
(3)	horse	（　　　　）	(4)	cow	（　　　　）
(5)	pull	（　　　　）	(6)	wise	（　　　　）
(7)	voice	（　　　　）	(8)	stone	（　　　　）

(9)　眠る　＿＿＿＿＿＿＿　　(10)　紙　＿＿＿＿＿＿＿

(11)　切る　＿＿＿＿＿＿＿　　(12)　農場　＿＿＿＿＿＿＿

(13)　病気の　＿＿＿＿＿＿＿　　(14)　訓練する　＿＿＿＿＿＿＿

(15)　軍人，兵隊　＿＿＿＿＿＿＿　　(16)　数学，算数　＿＿＿＿＿＿＿

(17)　起こる　＿＿＿＿＿＿＿　　(18)　宿題　＿＿＿＿＿＿＿

2　次の **AB** と **CD** の関係がほぼ同じになるように，**D** に適語を入れなさい。　（2点×6）

	A	B	C	D
(1)	son	sun	write	＿＿＿＿＿
(2)	small	large	busy	＿＿＿＿＿
(3)	go	went	speak	＿＿＿＿＿
(4)	here	hear	our	＿＿＿＿＿
(5)	child	children	gentleman	＿＿＿＿＿
(6)	teach	teacher	study	＿＿＿＿＿

3　次の語群を，日本文に合うように並べかえて全文を書きなさい。　　　　（6点×2）

(1)　私はこの場所をまったく知りません。

（ know / place / at / I / this / don't) all.

＿＿＿＿＿＿＿＿＿＿＿＿＿＿＿＿＿＿＿＿＿＿＿＿＿＿＿＿＿＿＿

(2)　その少女は長い間黙ったままでした。

(silent / girl / a / for / the / remained / long) time.

＿＿＿＿＿＿＿＿＿＿＿＿＿＿＿＿＿＿＿＿＿＿＿＿＿＿＿＿＿＿＿

4 次の英文を読んで，あとの設問に答えなさい。 （8点×5）

A little girl ❶(name) Laura began to draw pictures when she was only three years old. When she was five, her old uncle gave her an easel and some paints. Laura was so happy and soon started to paint a picture.

The picture was so beautiful and interesting that her uncle liked it very much. He said, "❷This girl is going to be famous when she gets a little older. Then many people will want to buy her pictures for a lot of money."

Laura's picture was very different ❸ other people's. Laura only painted on half of the paper.

One day her uncle saw Laura at her easel in the garden and said, "Please tell me this, Laura. Why don't you paint on the top half of your picture?"

Laura said, "I'm small, and my brushes don't reach very high."

[注] draw：描く   easel：イーゼル(画架)   paint：絵の具，描く
so ～ that ...：とても～なので…   half：半分   brush：絵筆

🔊 67

(1) ❶の（　）内の語を適切な形にかえなさい。

　　　────────────

(2) 下線部❷を日本文になおしなさい。

　　（ 　　　　　　　　　　　　　　　　　　　　　　　　 ）

(3) ❸ に適切な前置詞を補いなさい。

　　　────────────

(4) ローラの描いた絵は，ほかの人とどのような点で違っていたのか，日本語で説明しなさい。

　　（ 　　　　　　　　　　　　　　　　　　　　　　　　 ）

(5) ローラがほかの人と違った絵を描いた理由は何か，日本語で説明しなさい。

　　（ 　　　　　　　　　　　　　　　　　　　　　　　　 ）

物語①

解答は別冊 P.22

☆☆☆次の英文は，小さな女の子のスーザンのある日の出来事です。これを読んで，あと
の設問に答えなさい。

One afternoon, Susan, a five-year-old girl, ran to the park near her house.
She started to play in the sand. While she was ❶(build) a small sand castle,
she found many beautiful grains in the sand.

"How nice!" said Susan. "They must be diamonds."

She started to gather them. "I have to get a lot of them because today is
my mom's birthday. ❷(give / the / I'll / diamonds / her)," she said.

When she came home, her mother was busy cooking in the kitchen.

"I don't want to tell mom about the diamonds now," she said to ❸(she).
Then she remembered her favorite pretty doll with a small bag. She went
into her room and began to put the diamonds into the bag.

Her mother came into the room just when Susan finished doing this.

"　❹　, Susan?" said her mother. Susan was surprised and said, "Nothing!"

"Really? You look so happy. What happened?" said her mother.

"I don't know!" said Susan. ❺Her mother (nothing / present / knew / the /
about) then.

In the evening Susan went downstairs for dinner. Susan held the present
in her hands and went to her mother.

"Happy birthday, Mom!" she said and opened her hands. "I gathered all
these diamonds for you!"

Susan's mother looked at the small grains
in Susan's little hands. They were not real
diamonds of course.　But her mother
thought they were more beautiful and
precious than real diamonds.

"I'm very, very happy, Susan. Thank you
so much," her mother said with a smile.

This smile　❻　Susan very happy, too.

[注]　sand：砂　　grain：粒　　gather：集める　　be busy ～ing：～して忙しい
　　　downstairs：階下へ　　held：hold(持つ，握る)の過去形　　precious：貴重な

(1) 下線部❶・❸の（　）内の語を，それぞれ適切な形にかえて書きなさい。　(10点×2)

❶ ＿＿＿＿＿＿＿＿

❸ ＿＿＿＿＿＿＿＿

(2) 下線部❷・❺の（　）内の語を正しく並べかえて，英文を完成させなさい。(15点×2)

❷ ＿＿＿＿＿＿＿＿＿＿＿＿＿＿＿＿＿＿＿＿＿＿＿，" she said.

❺ Her mother ＿＿＿＿＿＿＿＿＿＿＿＿＿＿＿＿＿＿ then.

(3) ❹ に最も適する文を１つ選びなさい。　(10点)

ア　How is everything

イ　Where did you go this morning

ウ　What are you doing

エ　How about this one

(4) ❻ に適する語を下から１つ選び，適する形にかえて書きなさい。　(10点)

＿＿＿＿＿＿

［ take　　have　　make　　go ］

(5) 本文の内容と合うように，次の質問に英語で答えるとき，＿＿に適する語を１語ずつ書きなさい。　(10点×3)

(a) Where did Susan find the "diamonds"?

She found them ＿＿＿＿＿＿ the ＿＿＿＿＿＿.

(b) Where did Susan put the "diamonds"?

She put them into the small ＿＿＿＿＿ of her favorite ＿＿＿＿＿＿.

(c) Did Susan's mother think the grains were real diamonds?

＿＿＿＿＿＿, she ＿＿＿＿＿＿.

Short Stories ② 物語②

単語・熟語の解説は別冊 P.23

|意味| 意味を書いてみましょう。 |練習| つづりの練習をして覚えましょう。

STEP1 ●基礎

1 □ **sometimes** [sʌ́mtàimz] サムタイムズ |意味|＿＿＿＿＿ |練習|＿＿＿＿＿

2 □ **fish** [fíʃ] フィッシュ |意味|＿＿＿＿＿ |練習|＿＿＿＿＿

3 □ **dark** [dɑ́ːrk] ダーク |意味|＿＿＿＿＿ |練習|＿＿＿＿＿

4 □ **another** [ənʌ́ðər] アナザァ |意味|＿＿＿＿＿ |練習|＿＿＿＿＿

5 □ **go to bed** |意味|＿＿＿＿＿ |練習|＿＿＿＿＿

6 □ **put** [pút] プット |意味|＿＿＿＿＿ |練習|＿＿＿＿＿

STEP2 ●中級

7 □ **spend ... ~ing** |意味|＿＿＿＿＿ |練習|＿＿＿＿＿

8 □ **go fishing** |意味|＿＿＿＿＿ |練習|＿＿＿＿＿

9 □ **ask ... to ~** |意味|＿＿＿＿＿ |練習|＿＿＿＿＿

10 □ **be late for ~** |意味|＿＿＿＿＿ |練習|＿＿＿＿＿

11 □ **plan** [plǽn] プラン |意味|＿＿＿＿＿ |練習|＿＿＿＿＿

12 □ **wrote** [róut] ロウト |意味|＿＿＿＿＿ |練習|＿＿＿＿＿

STEP3 ●上級

13 □ **for a while** |意味|＿＿＿＿＿ |練習|＿＿＿＿＿

14 □ **wake (~) up** |意味|＿＿＿＿＿ |練習|＿＿＿＿＿

15 □ **woke** [wóuk] ウォウク |意味|＿＿＿＿＿ |練習|＿＿＿＿＿

▼▲▼▲▼▲▼▲▼▲▼▲▼▲ 単語・熟語の意味 ▼▲▼▲▼▲▼▲▼▲▼▲▼▲

1 □副 ときどき

2 □動名 つりをする，魚

3 □形 暗い

4 □形 もう1つの，別の

5 □熟 寝る

6 □動 置く，はる

7 □熟 …を~して過ごす

8 □熟 つりに行く

9 □熟 …に~するように頼む

10 □熟 ~に遅れる，遅刻する

11 □名 計画，案

12 □動 write(書く)の過去形

13 □熟 しばらく(の間)

14 □熟 ~を起こす，起きる

15 □動 wake の過去形

解答・考え方は別冊 P.23

☆☆次の英文を読んで，あとの設問に答えなさい。 (25点×4)

Greg likes fishing very much and often goes to the river near his house. He sometimes fishes until it gets dark. His mother doesn't like this and often says to him, "①You have a lot of homework to do every day. You must spend more time studying."

One Saturday afternoon, Greg went fishing in the river near his house, but could not catch any fish. He thought for a while and decided to go to another river early the next morning. "②I'll ask my mother to wake me up at six," he said to himself.

When he came home, his mother was very angry because he was late again for dinner. So, Greg could not tell his plan to his mother. Before he went to bed, Greg wrote on a piece of paper, "Mother, [③] —— Greg," and put it on the door of his room.

When Greg woke up the next morning, it was already seven. He got out of bed and found a piece of paper on the door. He read these words: "Greg, [④] —— Mother."

(1) 不 定 詞　下線部①・②を日本文になおしなさい。

① (　　　　　　　　　　　　　　　　　　　　)

② (　　　　　　　　　　　　　　　　　　　　)

(2) 内 容 の 理 解　③・④の □ に適するものを1つずつ選びなさい。

③ 〔　　〕　　④ 〔　　〕

ア　please don't go out this morning.

イ　wake up. It is six now.

ウ　why do you go fishing every day?

エ　I will not come home tomorrow.

オ　wake me up at six tomorrow morning.

カ　I'll stay with you this evening.

○ポイント○

(1)① to do は形容詞的用法。
☞チェック14
②〈ask ... to ~〉の形。　☞チェック16
(2)まず，だれの発言かを確認し，話題の中心となるものは何かを読み取る。

Short Stories ② 物語②

 72

単語・熟語の解説は別冊 P.23

|意味| 意味を書いてみましょう。 |練習| つづりの練習をして覚えましょう。

STEP 1 ●基礎

1 □ **hard** [há:rd] (ハード)　|意味|＿＿＿＿　|練習|＿＿＿＿＿＿＿＿

2 □ **wrong** [rɔ́:ŋ] (ローング)　|意味|＿＿＿＿　|練習|＿＿＿＿＿＿＿＿

STEP 2 ●中級

3 □ **soon after ~**　|意味|＿＿＿＿　|練習|＿＿＿＿＿＿＿＿

4 □ **change** [tʃéindʒ] (チェインヂ)　|意味|＿＿＿＿　|練習|＿＿＿＿＿＿＿＿

5 □ **not ~ at all**　|意味|＿＿＿＿　|練習|＿＿＿＿＿＿＿＿

6 □ **video game**　|意味|＿＿＿＿　|練習|＿＿＿＿＿＿＿＿

7 □ **at night**　|意味|＿＿＿＿　|練習|＿＿＿＿＿＿＿＿

8 □ **until late**　|意味|＿＿＿＿　|練習|＿＿＿＿＿＿＿＿

9 □ **How about ~?**　|意味|＿＿＿＿　|練習|＿＿＿＿＿＿＿＿

10 □ **silly** [síli] (スィリィ)　|意味|＿＿＿＿　|練習|＿＿＿＿＿＿＿＿

11 □ **with a smile**　|意味|＿＿＿＿　|練習|＿＿＿＿＿＿＿＿

12 □ **promise** [prámis] (プラミス)　|意味|＿＿＿＿　|練習|＿＿＿＿＿＿＿＿

STEP 3 ●上級

13 □ **however** [hauévər] (ハウエヴァ)　|意味|＿＿＿＿　|練習|＿＿＿＿＿＿＿＿

14 □ **proverb** [právə:rb] (プラヴァーブ)　|意味|＿＿＿＿　|練習|＿＿＿＿＿＿＿＿

15 □ **worm** [wə́:rm] (ワーム)　|意味|＿＿＿＿　|練習|＿＿＿＿＿＿＿＿

▼▲▼▲▼▲▼▲▼▲▼▲▼▲▼▲▼▲▼▲ 単語・熟語の意味 ▼▲▼▲▼▲▼▲▼▲▼▲▼▲▼▲

1 □形 苦しい，つらい　　6 □熟 テレビゲーム　　11 □熟 ほほえみながら

2 □形 間違っている　　7 □熟 夜に（は）　　12 □動 約束する

3 □熟 ～してすぐ（に）　　8 □熟 遅くまで　　13 □副 しかし（ながら）

4 □動 変わる，変化する　　9 □熟 ～はどうですか。　　14 □名 ことわざ，格言

5 □熟 まったく～ない　　10 □形 愚かな，ばかな　　15 □名 （足のない）虫

▼▲

2 | THE EARLY BIRD CATCHES THE WORM 早起きは三文の徳

解答・考え方は別冊 P.23・24

☆☆次の英文を読んで，あとの設問に答えなさい。　　　　　　　　　　(25点×4)

Jimmy was ten years old and he had a sister called Kathy. She was eight. She was a good student. She always studied soon after she came back from school and then went out to play with her friends. Jimmy did so, too.

Some time ago, however, he changed. After he came home from school, he did not study ❶ all. He played video games in his room without going out to play. He went to bed late at night and got up late in the morning.

One afternoon, when Jimmy came home, his mother said to him, "You should study harder before you play video games and go to bed early at night." But he did not listen to her. ❷<u>So she asked his father to talk with him.</u>

One evening, his father told him that he would have a hard time in life if he didn't study hard from his early years. And he also said, "You must not play video games until late. Get up early in the morning. An old proverb says, 'The early bird catches the worm.' Do you understand, Jimmy?"

"But how about the worm, Dad?" asked the son. "❸<u>He was caught by the bird because he got up early.</u> He was silly. Am I wrong, Dad?" "Jimmy," answered his father with a smile. "That worm didn't go to bed during the night. He was on his way home."

Jimmy couldn't say anything and he promised to be a good boy. 🔊 73

(1) 内容の理解　ジミーの家族は，ジミーを含めて何人か書きなさい。

（　　　　　　　）

(2) 熟語の知識　❶ にあてはまる語を1つ選びなさい。

ア for　　イ at　　ウ in　　エ of

(3) ask … to ～　下線部❷を日本文になおしなさい。

（　　　　　　　　　　　　　　　　）

(4) 受動態　下線部❸を日本文になおしなさい。

（　　　　　　　　　　　　　　　　）

◎◁ポイント▷◎

(1)第1・第3段落から考える。

(2)「まったく～ない」。

◁左ページを見よ

(3)to talk の意味上の主語が his father。

☞チェック16

(4)過去の受動態の文。

☞チェック9

Short Stories ② 物語②

単語・熟語の解説は別冊 P.24

意味 意味を書いてみましょう。 練習 つづりの練習をして覚えましょう。

STEP1 ●基礎

1 ☐ **window** [wíndou] ウィンドゥ 意味＿＿＿＿＿＿ 練習＿＿＿＿＿＿＿＿＿＿＿＿

2 ☐ **be going to ～** 意味＿＿＿＿＿＿ 練習＿＿＿＿＿＿＿＿＿＿＿＿

3 ☐ **face** [féis] フェイス 意味＿＿＿＿＿＿ 練習＿＿＿＿＿＿＿＿＿＿＿＿

4 ☐ **tooth** [tú:θ] トゥース 意味＿＿＿＿＿＿ 練習＿＿＿＿＿＿＿＿＿＿＿＿

5 ☐ **quickly** [kwíkli] クウィクリィ 意味＿＿＿＿＿＿ 練習＿＿＿＿＿＿＿＿＿＿＿＿

6 ☐ **ride** [ráid] ライド 意味＿＿＿＿＿＿ 練習＿＿＿＿＿＿＿＿＿＿＿＿

7 ☐ **last night** 意味＿＿＿＿＿＿ 練習＿＿＿＿＿＿＿＿＿＿＿＿

8 ☐ **stop** [stáp] スタップ 意味＿＿＿＿＿＿ 練習＿＿＿＿＿＿＿＿＿＿＿＿

9 ☐ **little** [lítl] リトゥル 意味＿＿＿＿＿＿ 練習＿＿＿＿＿＿＿＿＿＿＿＿

10 ☐ **laugh** [lǽf] ラフ 意味＿＿＿＿＿＿ 練習＿＿＿＿＿＿＿＿＿＿＿＿

STEP2 ●中級

11 ☐ **look out** 意味＿＿＿＿＿＿ 練習＿＿＿＿＿＿＿＿＿＿＿＿

12 ☐ **brush** [brʌʃ] ブラッシュ 意味＿＿＿＿＿＿ 練習＿＿＿＿＿＿＿＿＿＿＿＿

13 ☐ **be fond of ～** 意味＿＿＿＿＿＿ 練習＿＿＿＿＿＿＿＿＿＿＿＿

STEP3 ●上級

14 ☐ **aquarium** [əkwéəriəm] アクウェアリアム 意味＿＿＿＿＿＿ 練習＿＿＿＿＿＿＿＿＿＿＿＿

15 ☐ **in a hurry** 意味＿＿＿＿＿＿ 練習＿＿＿＿＿＿＿＿＿＿＿＿

▼▲▼▲▼▲▼▲▼▲▼▲▼▲▼▲▼▲ 単語・熟語の意味 ▼▲▼▲▼▲▼▲▼▲▼▲▼▲▼▲

1 ☐ 名 窓
2 ☐ 熟 ～になりそうだ
3 ☐ 名 顔
4 ☐ 名 歯
5 ☐ 副 急いで，速く

6 ☐ 動 乗る
7 ☐ 熟 昨夜，夕べ
8 ☐ 動 立ちどまる
9 ☐ 形 小さい，かわいい
10 ☐ 動 （声に出して）笑う

11 ☐ 熟 外を見る
12 ☐ 動 みがく
13 ☐ 熟 ～が好きである
14 ☐ 名 水族館
15 ☐ 熟 急いで，あわてて

3 | IN MY DREAM 夢の中で

解答・考え方は別冊 P.24

月　　日

点

☆☆次の英文を読んで，あとの設問に答えなさい。　　　　　　　(20点×5)

It was a Sunday morning in April.　When Mrs. Robinson opened the windows and looked out, she smiled and said, "It's going to be a beautiful day."

At eight thirty she woke up her five-year-old son and said, "Get up, Steve. We're going to go to the aquarium today.　Wash your hands and face, brush your ❶(tooth) and eat your ❷☐ quickly.　We're going to go to Seattle ❸☐ bus."

Steve was very happy because he was so fond of watching fish and sea animals, and he also liked riding on a bus.　He said, "I dreamed about the aquarium last night, Mom."

His mother was in a hurry, but she stopped and smiled at her little son.　"You ❹did, Steve?" she said. "And what did you do in the aquarium in your dream?"

Steve laughed and answered, "❺*You* know, Mom! You were there with me in my dream."

[注]　Seattle：シアトル(アメリカ西海岸の都市)

🔊 75

(1) 語形変化 ❶の(　)内の語を適切な形にかえなさい。

――――――――

(2) 単語の知識 ❷・❸の☐にあてはまる語を１つずつ書きなさい。ただし，どちらもｂで始まる語とします。

❷ ――――――――　　　　❸ ――――――――

(3) 内容の理解 下線部❹の did が表す具体的な内容になるように，＿＿に１語ずつ補いなさい。

――――――― about the ――――――― last night

(4) 内容の理解 下線部❺が表す意味に最も近いものを１つ選びなさい。

ア　お母さんには絶対わからないと思うよ。

イ　お母さんならきっと知っているはずだよ。

ウ　だれにもわからないと思うよ。

◦◦◦ポイント◦◦◦

(1)複数形にする。
(2)❷ eat に合うものにする。
❸交通手段を表す前置詞が入る。
(3)前段の最後の文に注目する。
(4)You と斜体になっていることを考える。直後の文と合わせて考える。

75

Short Stories ② 物語②

単語・熟語の解説は別冊 P.24

意味 意味を書いてみましょう。練習 つづりの練習をして覚えましょう。

STEP1 ●基礎

1 □ **rainy** [réini] レイニィ 　意味＿＿＿＿＿　練習＿＿＿＿＿＿＿

2 □ **few ～** 　意味＿＿＿＿＿　練習＿＿＿＿＿＿＿

3 □ **woman** [wúmən] ウマン 　意味＿＿＿＿＿　練習＿＿＿＿＿＿＿

4 □ **river** [rívər] リヴァ 　意味＿＿＿＿＿　練習＿＿＿＿＿＿＿

5 □ **hand** [hǽnd] ハンド 　意味＿＿＿＿＿　練習＿＿＿＿＿＿＿

STEP2 ●中級

6 □ **passenger** [pǽsəndʒər] パセンヂャァ 　意味＿＿＿＿＿　練習＿＿＿＿＿

7 □ **theater** [θíːətər] スィーアタァ 　意味＿＿＿＿＿　練習＿＿＿＿＿

8 □ **on the way** 　意味＿＿＿＿＿　練習＿＿＿＿＿

9 □ **husband** [hʌ́zbənd] ハズバンド 　意味＿＿＿＿＿　練習＿＿＿＿＿

10 □ **concert** [kánsərt] カンサァト 　意味＿＿＿＿＿　練習＿＿＿＿＿

11 □ **in front of ～** 　意味＿＿＿＿＿　練習＿＿＿＿＿

12 □ **give up ～** 　意味＿＿＿＿＿　練習＿＿＿＿＿

13 □ **bridge** [brídʒ] ブリッヂ 　意味＿＿＿＿＿　練習＿＿＿＿＿

14 □ **jump into ～** 　意味＿＿＿＿＿　練習＿＿＿＿＿

STEP3 ●上級

15 □ **start off** 　意味＿＿＿＿＿　練習＿＿＿＿＿

▼▲▼▲▼▲▼▲▼▲▼▲▼▲▼▲▼▲ 単語・熟語の意味 ▼▲▼▲▼▲▼▲▼▲▼▲▼▲▼▲▼▲

1 □形 雨の，雨降りの　　　　6 □名 乗客　　　　　　　11 □熟 ～の前に〔で〕

2 □熟 (数が)ほとんど～ない　7 □名 劇場　　　　　　　12 □熟 ～をあきらめる

3 □名 女の人，女性　　　　　8 □熟 途中で　　　　　　13 □名 橋

4 □名 川　　　　　　　　　　9 □名 夫　　　　　　　　14 □熟 ～にとび乗る

5 □動 (手)渡す　　　　　　10 □名 音楽会，コンサート　15 □熟 出発する

▼▲

☆☆次の英文を読んで，あとの設問に答えなさい。 (20点×5)

　　It was a rainy Sunday morning.　George, a taxi driver, had few passengers.　In the afternoon, an old woman came along the river.　She saw George and said, "Taxi!　Can you take me to the Central Theater?" "Yes, ma'am.　❶It's no day for a walk!" he said.

　　On the way, the old woman began to talk about her husband.　"My husband," she said, "loved music.　So we often went to the concert at the Central Theater on Sundays.　But last November, he died.　I'm alone now." She handed him a picture of her and her husband.　They were standing in front of their house.

　　When George was cleaning his taxi that evening, he found the picture on the back seat.　"❷This must be an important thing for her," he thought.　"I must find her and give it back."　No name or address was on it.　He almost gave up ❸his idea.　Suddenly he saw that there was a bridge in the picture. He knew the bridge very well.

　　George jumped into his car and started off.

　　[注]　ma'am：奥様（女性に対するていねいな呼びかけ，返事などに使う）

🔊 77

(1) 内容の理解　下線部❶のように言った理由を日本語で書きなさい。

　　（　　　　　　　　　　　　　　　　　　　　　　　　　）

(2) 助動詞　下線部❷を日本文になおしなさい。

　　（　　　　　　　　　　　　　　　　　　　　　　　　　）

(3) 内容の理解　下線部❸の内容を日本語で説明しなさい。

　　（　　　　　　　　　　　　　　　　　　　　　　　　　）

(4) 内容の理解　本文の内容と合うように空所に適語を補いなさい。

　(a)　George ＿＿＿＿＿＿ an old woman to the Central Theater.

　(b)　George saw the picture of her and her husband ＿＿＿＿＿＿ in front of their house.

○●○ポイント○●○

(1)最初の文に注目。

(2)must には「〜しなければならない」，「〜にちがいない」の2つの意味がある。

(3)" "内の文から考える。

(4)(a)動詞の過去形が入る。

(b)分詞が入る。

☞チェック11

77

Short Stories ② 物語②

単語・熟語の解説は別冊 P.25

意味 意味を書いてみましょう。 練習 つづりの練習をして覚えましょう。

STEP 1 ●基礎

1 □ like [láik] ライク   意味＿＿＿＿＿ 練習＿＿＿＿＿＿＿＿

2 □ cold [kóuld] コウルド   意味＿＿＿＿＿ 練習＿＿＿＿＿＿＿＿

3 □ warm [wɔ́ːrm] ウォーム   意味＿＿＿＿＿ 練習＿＿＿＿＿＿＿＿

4 □ green [gríːn] グリーン   意味＿＿＿＿＿ 練習＿＿＿＿＿＿＿＿

5 □ boat [bóut] ボウト   意味＿＿＿＿＿ 練習＿＿＿＿＿＿＿＿

6 □ hot [hát] ハット   意味＿＿＿＿＿ 練習＿＿＿＿＿＿＿＿

7 □ sea [síː] スィー   意味＿＿＿＿＿ 練習＿＿＿＿＿＿＿＿

STEP 2 ●中級

8 □ ice [áis] アイス   意味＿＿＿＿＿ 練習＿＿＿＿＿＿＿＿

9 □ crazy [kréizi] クレイズィ   意味＿＿＿＿＿ 練習＿＿＿＿＿＿＿＿

10 □ sail [séil] セイル   意味＿＿＿＿＿ 練習＿＿＿＿＿＿＿＿

11 □ on and on   意味＿＿＿＿＿ 練習＿＿＿＿＿＿＿＿

12 □ be in trouble   意味＿＿＿＿＿ 練習＿＿＿＿＿＿＿＿

13 □ so ～ that ...   意味＿＿＿＿＿ 練習＿＿＿＿＿＿＿＿

14 □ melt [mélt] メルト   意味＿＿＿＿＿ 練習＿＿＿＿＿＿＿＿

STEP 3 ●上級

15 □ be pleased with ～   意味＿＿＿＿＿ 練習＿＿＿＿＿＿＿＿

◆◆◆ 単語・熟語の意味 ◆◆◆

1 □ 前 ～のような
2 □ 形 寒い，冷たい
3 □ 形 暖かい，温かい
4 □ 形 緑の，青々とした
5 □ 名 船，ボート
6 □ 形 暑い，熱い
7 □ 名 海，海洋
8 □ 名 氷
9 □ 形 正気でない
10 □ 動 航行する
11 □ 熟 どんどん
12 □ 熟 困っている
13 □ 熟 とても～なので…
14 □ 動 とける
15 □ 熟 ～が気に入っている

5 | JOE, A PENGUIN ペンギンのジョー

解答・考え方は別冊 P.25

☆☆次の英文を読んで，あとの設問に答えなさい。 (25点×4)

Little Joe was not like other penguins. All the other penguins liked their life on the cold islands, but Joe did not. They enjoyed skiing and skating on the ice, but he always stayed home. On the walls of his room there were many pictures of warm green islands. Joe liked to look at them. "I ❶(to go / live there / want / and)," he always thought when he looked at the pictures.

One day he decided that he would leave home for the warm green island. When he told his plan to the other penguins, they were very surprised and said, "Are you crazy, Joe? You should not leave here!"

Joe made a big boat of ice and started out. He sailed on and on. It got warmer and warmer and he was very happy. But one day he found he was in trouble. ❷It was so hot that his boat began to melt! At last the poor penguin had to swim in the sea. He swam very hard and soon came to an island.

❸The island was just like one in the pictures he had at home. He was very pleased with his new life on that island. Joe was a strange penguin, wasn't he?

🔊 79

(1) 不 定 詞 ❶の（　）内の語句を正しく並べかえなさい。

I _____!

(2) 熟 語 の 知 識 下線部❷を日本文になおしなさい。

（　　　　　　　　　　　　　　　　　　　　　　）

(3) 関係代名詞の省略 下線部❸を日本文になおしなさい。

（　　　　　　　　　　　　　　　　　　　　　　）

(4) 内 容 の 理 解 次の質問に英文で答えなさい。

What did Joe have to do after his boat melted?

_____

ポイント

(1)「～したい」はどう表すのか。

(2) so ～ that ... の意味は？

◀◀ 左ページ を見よ

(3) pictures のあとに目的格の関係代名詞が省略されている。

☞ チェック27

(4) 英文13行目に注目。

基本動詞で始まる熟語(2)

go	go away (立ち去る), go back (to ～) ((～へ)帰る), go home (家〔故郷〕に帰る), go ～ing (～しに行く), go out (外出する), go to bed (寝る)

☑ He *went away* and didn't come back again.

(彼は立ち去り二度ともどって来ませんでした。)

☑ The doctor said I could *go back to* school in a week.

(医者は私があと1週間で学校へもどれると言いました。)

☑ He has *gone home* to England.

(彼は〔故郷の〕英国へ帰ってしまいました。)

☑ Let's *go shopping* at the department store.

(デパートに買い物に行きましょう。)

☑ He didn't *go out* last night.

(彼は昨夜外出しませんでした。)

☑ What time did you *go to bed* yesterday? （あなたは昨日何時に寝ましたか。）

have [had]	have a good[nice] time (楽しく過ごす), have been to ～ (～へ行ったことがある), have to ～ (～しなければならない), had better ～ (～したほうがいい)

☑ We *had a good time* at the zoo.

(私たちは動物園で楽しい時を過ごしました。)

☑ I *have been to* New York twice.

(私はニューヨークへ2回行ったことがあります。)

☑ Why did you *have to* stay home?

(なぜあなたは家にいなければならなかったのですか。)

☑ We *had better* call the doctor. （私たちは医者を呼んだほうがいい。）

look	look after ～ (～の世話をする), look around (～) ((～を)見回す), look at ～ (～を見る), look for ～ (～を探す), look forward to ～ (～を楽しみにしている), look like ～ (～のように見える, ～しそうだ), look out (外を見る, 注意する), look up (～) (見上げる, (～を)調べる)

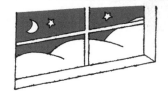

☑ Who will *look after* the children?

　（だれがその子どもたちの面倒をみるのですか。）

☑ He *looked around* the room.

　（彼は部屋をあちこち見回しました。）

☑ *Look at* this map.　（この地図を見なさい。）

☑ They were *looking for* the missing child.

　（彼らはその迷子を探していました。）

☑ They were *looking forward to* the summer vacation.

　（彼らは夏休みを楽しみにしていました。）

☑ He *looks* just *like* his mother.

　（彼はまったく母親そっくりだ。）

☑ They *looked out* from the door.

　（彼らは戸口から外を見ました。）

☑ *Look up* the word in the dictionary.

　（辞書でその単語を調べなさい。）

make	make a mistake（間違える）, **make up one's mind (to 〜)**（(〜する)決心をする）

☑ I *made* several *mistakes* in my English composition.

　（私は英作文でいくつか間違いをしました。）

☑ He *made up his mind to* be a teacher.　（彼は教師になろうと決心しました。）

take	**take a picture**（写真を撮る）, **take care of 〜**（〜の世話をする）, **take off (〜)**（(〜を)脱ぐ, 離陸する）, **take out 〜**（〜を取り出す, 〜を連れ出す）

☑ Dad *took* some *pictures* of us.　（父は私たちの写真を何枚か撮りました。）

☑ Who *takes care of* my pet?　（ペットの世話はだれがするのですか。）

☑ Please *take off* your hat here.　（ここで帽子は脱いでください。）

☑ He *took out* his wallet and gave her a gold coin.

　（彼は財布を取り出して彼女に金貨を1枚与えました。）

物語②

解答は別冊 P.25・26

1 次の英語は日本語に，日本語は英語になおしなさい。　　　　　　　　（2点×18）

(1) sometimes （　　　　　　）　　(2) quickly （　　　　　　）

(3) passenger （　　　　　　）　　(4) promise （　　　　　　）

(5) another （　　　　　　）　　(6) ride （　　　　　　）

(7) theater （　　　　　　）　　(8) ice （　　　　　　）

(9) 緑の 　＿＿＿＿＿＿　　(10) 川 　＿＿＿＿＿＿

(11) 橋 　＿＿＿＿＿＿　　(12) 窓 　＿＿＿＿＿＿

(13) 魚 　＿＿＿＿＿＿　　(14) 顔 　＿＿＿＿＿＿

(15) 立ちどまる 　＿＿＿＿＿＿　　(16) 夫 　＿＿＿＿＿＿

(17) コンサート 　＿＿＿＿＿＿　　(18) 暗い 　＿＿＿＿＿＿

2 次の AB と CD の関係がほぼ同じになるように，D に適語を入れなさい。　（2点×6）

	A	B	C	D
(1)	write	right	see	＿＿＿＿
(2)	boy	girl	man	＿＿＿＿
(3)	child	children	tooth	＿＿＿＿
(4)	make	made	write	＿＿＿＿
(5)	good	bad	right	＿＿＿＿
(6)	cool	warm	cold	＿＿＿＿

3 次の語群を，日本文に合うように並べかえて全文を書きなさい。　　　（6点×2）

(1) 彼はこの町にほとんど友だちがいません。

He (friends / town / in / few / this / has).

＿＿＿＿＿＿＿＿＿＿＿＿＿＿＿＿＿＿＿＿＿＿＿＿＿

(2) あなたは昨夜なぜそんなに早く寝たのですか。

Why (bed / early / did / to / you / so / go)?

＿＿＿＿＿＿＿＿＿＿＿＿＿＿＿＿＿＿＿＿＿＿＿＿＿

4 次の英文を読んで，あとの設問に答えなさい。 (40点)

A long time ago, there was a little pond in a small village. Its name was Kamigaike. And there was a big stone by the pond. A little boy often stood on that stone and said to the people passing by, "❶Why don't you play pull-finger with me?" Many of them stopped and played pull-finger. The boy was very strong, and they were pulled into the pond. It was a lot of fun for the boy, but the people were not happy. Soon the people wanted to know what the boy really was. "Isn't he a *kappa* that lives in the pond?" said some people.

A young man heard this and said he would go and play pull-finger with the boy. He was passing by the stone on a horse. The boy came and asked him to play pull-finger. The young man said, "OK." He was still on the horse. He locked his fingers with the boy's. And suddenly he kicked the horse. It began to run. ❷It ran so fast that the boy soon got tired. "Please stop it!" he shouted. "Please! I am the *kappa* of Kamigaike. Please, please forgive me. I promise I will never pull people into the pond again."

"Listen! ❸I will forgive you if you leave this pond right away," said the young man. The *kappa* ran away and never came back.

[注] pass by (〜)：(〜の)そばを通りかかる　　pull-finger：指引き，力くらべ
kappa：河童（かっぱ）　　lock：〜をからみ合わせる　　forgive：許す　　🔊 83

(1) この物語の内容に合うように。(a)〜(c)の空所に man, *kappa*, boy のどれかを 1 つずつ入れなさい。 ((a)6点/(b)(c)5点×2)

　　Long ago, a little (a)＿＿＿＿ often stood on a stone by a pond called Kamigaike, and he pulled people into the pond. But a young (b)＿＿＿＿ came and beat the boy. The boy was really a (c)＿＿＿＿. In the end it left the pond and never came back.　　[注] beat：打ち負かす　　in the end：最後には

(2) 下線部❶〜❸を日本文になおしなさい。❷は It が何かをはっきりさせること。

(8点×3)

❶ (　　　　　　　　　　　　　　　　　　　　　　　　　　　　　　　　)

❷ (　　　　　　　　　　　　　　　　　　　　　　　　　　　　　　　　)

❸ (　　　　　　　　　　　　　　　　　　　　　　　　　　　　　　　　)

物語②

月　　日

点

解答は別冊 P.26・27

◆◆次の英文を読んで，あとの設問に答えなさい。

"What's your hurry, Pete?" asked his mother. "Hi, Mom. I'm going out to the lake to catch fish. I think I can come back with some big fish. Can you cook the biggest one of all for my lunch?" he asked, and he left.

Two hours later, he still couldn't catch any fish.

"I have (❶) fish to bring home. Will Mom laugh at me?" he said to ❷(he). He thought for a while, and began to walk home in a bit of hurry.

Soon after he got home, he drew a picture of a fish and put it on the kitchen table.

About noon, his mother said that his lunch was ready. In the kitchen he saw a picture of a fish on a plate.

"This picture is different from the ❸<u>one</u> I drew. This is a picture of a cooked fish!" said Pete.

"Right. I have cooked the fish you put on the table. You are good at fishing. Now I know you are also good at drawing," said his mother.

Just then there was a phone call in the next room, and his mother went to answer it. While she was talking on the phone, he drew another picture. After talking for a long time, she came back into the kitchen.

"Have you ❹(finish) your lunch yet, Pete?" asked his mother.

"Yes, Mom. It was so good," he answered and went out of the kitchen.

She found a picture on Pete's plate. It was a picture of fishbones with a note on a piece of paper saying, "You are a very good cook, Mom."

[注]　What's your hurry?：何をそんな急いでいるの？　　in a bit of hurry：ほんの少し急いで

drew：draw(描く)の過去形　　ready：準備ができた　　plate：(平たい)皿

phone call：電話の呼び出し(音)　　fishbone：魚の骨　　note：メモ

cook：料理人，コック

🔊 84

(1) この物語には3枚の絵が出てきますが，その順序通りにするとき，次の絵の中で最初に出てくるものにはAを，最後に出てくるものはBを書きなさい。 (完答20点)

(a) 〔　　　〕　　　　　　(b) 〔　　　〕　　　　　　(c) 〔　　　〕

(2) (❶)に適する語を1つ選びなさい。 (10点)

ア some　　　　イ many　　　　ウ much　　　　エ no

(3) ❷と❹の語を適する形にかえなさい。 (10点×2)

❷ ＿＿＿＿＿＿＿＿

❹ ＿＿＿＿＿＿＿＿

(4) 下線部❸が指す1語を文中から抜き出して書きなさい。 (10点)

＿＿＿＿＿＿＿＿

(5) 本文の内容と合うように，次の質問に英語で答えるとき，＿＿に適する語を1語ずつ書きなさい。数字は英語のつづりで答えること。 (10点×4)

(a) Was Pete going to come back home before lunch?

＿＿＿＿＿＿＿＿, he ＿＿＿＿＿＿＿＿.

(b) Did Pete's mother think he was good at both fishing and drawing?

＿＿＿＿＿＿＿＿, she ＿＿＿＿＿＿＿＿.

(c) How many pictures did Pete's mother draw?

She drew ＿＿＿＿＿＿＿＿ ＿＿＿＿＿＿＿＿.

(d) What did Pete's mother do in the next room?

She ＿＿＿＿＿＿＿＿ on the ＿＿＿＿＿＿＿＿.

Science, Language, etc. ① 科学, 言語など①

単語・熟語の解説は別冊 P.27

意味 意味を書いてみましょう。 練習 つづりの練習をして覚えましょう。

STEP1 ●基礎

1 □ sleep [slíːp] スリープ 意味＿＿＿＿＿＿ 練習＿＿＿＿＿＿＿＿＿＿

2 □ light [láit] ライト 意味＿＿＿＿＿＿ 練習＿＿＿＿＿＿＿＿＿＿

3 □ sun [sʌ́n] サン 意味＿＿＿＿＿＿ 練習＿＿＿＿＿＿＿＿＿＿

4 □ point [pɔ́int] ポイント 意味＿＿＿＿＿＿ 練習＿＿＿＿＿＿＿＿＿＿

5 □ each [íːtʃ] イーチ 意味＿＿＿＿＿＿ 練習＿＿＿＿＿＿＿＿＿＿

6 □ also [ɔ́ːlsou] オールソウ 意味＿＿＿＿＿＿ 練習＿＿＿＿＿＿＿＿＿＿

STEP2 ●中級

7 □ certainly [sə́ːrtnli] サートゥンリィ 意味＿＿＿＿＿＿ 練習＿＿＿＿＿＿＿＿＿＿

8 □ problem [prábləm] プラブレム 意味＿＿＿＿＿＿ 練習＿＿＿＿＿＿＿＿＿＿

9 □ simple [símpl] スィンプル 意味＿＿＿＿＿＿ 練習＿＿＿＿＿＿＿＿＿＿

10 □ message [mésidʒ] メセッヂ 意味＿＿＿＿＿＿ 練習＿＿＿＿＿＿＿＿＿＿

11 □ sleepy [slíːpi] スリーピィ 意味＿＿＿＿＿＿ 練習＿＿＿＿＿＿＿＿＿＿

STEP3 ●上級

12 □ expert [ékspəːrt] エクスパート 意味＿＿＿＿＿＿ 練習＿＿＿＿＿＿＿＿＿＿

13 □ brain [bréin] ブレイン 意味＿＿＿＿＿＿ 練習＿＿＿＿＿＿＿＿＿＿

14 □ activity [æktívəti] アクティヴィティ 意味＿＿＿＿＿＿ 練習＿＿＿＿＿＿＿＿＿＿

15 □ keep regular hours 意味＿＿＿＿＿＿ 練習＿＿＿＿＿＿＿＿＿＿

▼ 単語・熟語の意味 ▼

1 □動名 眠る, 睡眠　　6 □副 ～もまた, さらに　　11 □形 眠い, 眠そうな

2 □名 光, 日光, 明かり　　7 □副 確かに　　12 □名 専門家

3 □名 太陽　　8 □名 問題, 課題　　13 □名 脳, 頭脳

4 □名 要点, ポイント　　9 □形 単純な, 簡単な　　14 □名 活動

5 □形 それぞれの　　10 □名 伝言, メッセージ　　15 □熟 規則正しい生活をする

☆☆次の英文を読んで，あとの設問に答えなさい。　　　　　　　　　　(25点×4)

Bill :　I hear there are many people who can't sleep well at night and can't get up early in the morning. Could you give us some advice as an expert on sleep?

Mr. Hill :　Yes. Certainly, there are many people who have **①**<u>that problem</u>.

Bill :　What should we do?

Mr. Hill :　First, you should have light from the sun when you get up in the morning. You may think this is simple. But, if you do so, you will sleep well at night. The reason is that your "body clock" is working. When you get up in the morning and have light from the sun, your body clock sends **②**<u>something</u> to your brain. It is a message that makes you sleepy after about 14 hours. If you get up with light from the sun at 7 o'clock in the morning, for example, you become sleepy about **③** o'clock at night.

Bill :　But we have a lot of things to do every day. What is **④**<u>the point</u>?

Mr. Hill :　You should know that there is a right time to do each activity. Also, you should keep regular hours. To have light from the sun in the morning is the most important thing. Let's get up early every day and enjoy light from the sun.

[注]　The reason is that ～：理由は～ということだ　　body clock：体内時計　 87

---

(1) 【内容の理解】　下線部❶の具体的な内容を日本語で答えなさい。

（　　　　　　　　　　　　　　　　　　　　　　　　　　）

(2) 【内容の理解】　下線部❷の具体的な内容を日本語で説明しなさい。

（　　　　　　　　　　　　　　　　　　　　　　　　　　）

(3) 【内容の理解】　**③** に適する数字を算用数字で書きなさい。

(4) 【内容の理解】　下線部❹の内容を最も的確に表している本文中の連続する９語を書き出しなさい。

◇◇◇ポイント◇◇◇

(1)1～2行目に注目。

(2)直後の文に注目する。

(3)数字がある文を参考にする。

(4) point は「要点」の意味。これ以降でこれを表すような表現を探してみる。

Science, Language, etc. ① 科学, 言語など①

 88

単語・熟語の解説は別冊 P.27

意味 意味を書いてみましょう。 練習 つづりの練習をして覚えましょう。

STEP1 ●基礎

1 □ **guess** [gés] ゲス　　意味＿＿＿＿＿＿　練習＿＿＿＿＿＿＿＿

2 □ **without** [wiðáut] ウィザウト　　意味＿＿＿＿＿＿　練習＿＿＿＿＿＿＿＿

3 □ **feel** [fí:l] フィール　　意味＿＿＿＿＿＿　練習＿＿＿＿＿＿＿＿

4 □ **either** [í:ðər] イーザァ　　意味＿＿＿＿＿＿　練習＿＿＿＿＿＿＿＿

5 □ **inside** [ìnsáid] インサイド　　意味＿＿＿＿＿＿　練習＿＿＿＿＿＿＿＿

STEP2 ●中級

6 □ **earth** [ə́:rθ] アース　　意味＿＿＿＿＿＿　練習＿＿＿＿＿＿＿＿

7 □ **air** [éər] エア　　意味＿＿＿＿＿＿　練習＿＿＿＿＿＿＿＿

8 □ **smell** [smél] スメル　　意味＿＿＿＿＿＿　練習＿＿＿＿＿＿＿＿

9 □ **wind** [wínd] ウィンド　　意味＿＿＿＿＿＿　練習＿＿＿＿＿＿＿＿

10 □ **thanks to** 〜　　意味＿＿＿＿＿＿　練習＿＿＿＿＿＿＿＿

STEP3 ●上級

11 □ **breathe** [brí:ð] ブリーズ　　意味＿＿＿＿＿＿　練習＿＿＿＿＿＿＿＿

12 □ **surround** [səráund] サラウンド　　意味＿＿＿＿＿＿　練習＿＿＿＿＿＿＿＿

13 □ **dissolve** [dizálv] ディザルヴ　　意味＿＿＿＿＿＿　練習＿＿＿＿＿＿＿＿

14 □ **help ...** 〜　　意味＿＿＿＿＿＿　練習＿＿＿＿＿＿＿＿

15 □ **bubble** [bʌ́bl] バブル　　意味＿＿＿＿＿＿　練習＿＿＿＿＿＿＿＿

▼▲▼▲▼▲▼▲▼▲▼▲▼▲▼▲▼▲▼ 単語・熟語の意味 ▼▲▼▲▼▲▼▲▼▲▼▲▼▲▼▲▼

1 □ 動 推測する, 考える　　6 □ 名 地球　　11 □ 動 吸い込む, 呼吸する

2 □ 前 〜なしで　　7 □ 名 空気, 大気　　12 □ 動 囲む

3 □ 動 感じる　　8 □ 動 においをかぐ　　13 □ 動 溶ける

4 □ 副 (否定文で)〜も(また)　　9 □ 名 風　　14 □ 熟 …が〜する助けになる

5 □ 名 内側, 内部　　10 □ 熟 〜のおかげで　　15 □ 名 あわ

月　　日

点

解答・考え方は別冊 P.27・28

☆☆次の英文を読んで，あとの設問に答えなさい。 (20点×5)

Let's guess what "this" is!　"This" is all around you and all around the earth.　You can't live without "this."　You breathe "this" every day.　Yes!　The answer is the "air."

You can say ❶everything on the earth is surrounded by air, but you can't see or smell it.　You usually can't feel it, ❷ ☐ .　You can feel it only when it is moving.　This moving air is called wind.

Even in water there is air, and ❸thanks to this, fish can live in water.　They need air to live just like us.　They use the air that is dissolved in the water.　They have gills that help them breathe in water.　Because we don't have gills, we can't stay under water long.　So, we have to carry an oxygen cylinder into the water.

You usually can't see the air in the water, but sometimes you can.　When a glass of water is left on a table for an hour or two, you sometimes find little bubbles on the inside of the glass.　They are small bubbles of air which came out of the water.

［注］　gill：（魚の）えら　　oxygen cylinder：酸素ボンベ

🔊 89

(1) 熟語の知識　下線部❶・❸を日本文になおしなさい。❸は this の内容を明らかにすること。

❶ (　　　　　　　　　　　　　　　　　　　　　　)

❸ (　　　　　　　　　　　　　　　　　　　　　　)

(2) 副詞の用法　 ❷ ☐ にあてはまる語を１つ選びなさい。

ア　too　　　イ　on　　　ウ　either　　　エ　for

(3) 内容の理解　本文に合うように次の質問に日本語で答えなさい。

(a)　私たちが水中に長くいられないのはなぜですか。

(　　　　　　　　　　　　　　　　　　　　　　)

(b)　しばらく置いたコップの中のあわは何のあわですか。

(　　　　　　　　　　　　　　　　　　　　　　)

○◎○◆ポイント◆○◎○

(1)❶受動態の文。

❸ thanks to ～の意味は？

◀◀左ページを見よ

(2)否定文の「～も」の意味を表すもの。

◀◀左ページを見よ

(3)(a)第３段落参照。

(b)第４段落参照。

Science, Language, etc. ① 科学, 言語など①

単語・熟語の解説は別冊 P.28

意味 意味を書いてみましょう。 練習 つづりの練習をして覚えましょう。

STEP1 ●基礎

1 □ **language** [lǽŋgwidʒ] （ラングウィッヂ） 意味＿＿＿＿＿＿ 練習＿＿＿＿＿＿＿＿＿

2 □ **as** [ǽz] （アズ） 意味＿＿＿＿＿＿ 練習＿＿＿＿＿＿＿＿＿

3 □ **talk with ～** 意味＿＿＿＿＿＿ 練習＿＿＿＿＿＿＿＿＿

4 □ **speak** [spíːk] （スピーク） 意味＿＿＿＿＿＿ 練習＿＿＿＿＿＿＿＿＿

5 □ **understand** [ʌndərstǽnd] （アンダスタンド） 意味＿＿＿＿＿＿ 練習＿＿＿＿＿＿＿＿＿

6 □ **learn** [lə́ːrn] （ラーン） 意味＿＿＿＿＿＿ 練習＿＿＿＿＿＿＿＿＿

7 □ **better** [bétər] （ベタァ） 意味＿＿＿＿＿＿ 練習＿＿＿＿＿＿＿＿＿

STEP2 ●中級

8 □ **foreign** [fɔ́ːrin] （フォーリン） 意味＿＿＿＿＿＿ 練習＿＿＿＿＿＿＿＿＿

9 □ **one of ～** 意味＿＿＿＿＿＿ 練習＿＿＿＿＿＿＿＿＿

10 □ **subject** [sʌ́bdʒikt] （サブヂェクト） 意味＿＿＿＿＿＿ 練習＿＿＿＿＿＿＿＿＿

11 □ **culture** [kʌ́ltʃər] （カルチャァ） 意味＿＿＿＿＿＿ 練習＿＿＿＿＿＿＿＿＿

12 □ **behind** [biháind] （ビハインド） 意味＿＿＿＿＿＿ 練習＿＿＿＿＿＿＿＿＿

13 □ **for example** 意味＿＿＿＿＿＿ 練習＿＿＿＿＿＿＿＿＿

14 □ **own** [óun] （オウン） 意味＿＿＿＿＿＿ 練習＿＿＿＿＿＿＿＿＿

STEP3 ●上級

15 □ **lead to ～** 意味＿＿＿＿＿＿ 練習＿＿＿＿＿＿＿＿＿

単語・熟語の意味

1 □名 言語, 言葉
2 □前 ～として
3 □熟 ～と話す
4 □動 話す
5 □動 理解する
6 □動 学ぶ
7 □形 good(よい)の比較級
8 □形 外国の
9 □熟 ～の1つ
10 □名 教科, 学科
11 □名 文化
12 □前 ～の背後の
13 □熟 たとえば
14 □形 自分自身の
15 □熟 ～に通じる

★★次の英文を読んで，あとの設問に答えなさい。　　　　　　　　　　　（20点×5）

Have you ever ❶(think) about why you study a foreign language at school as one of your subjects?

If you study a foreign language, you will be able to talk with people who speak it. You will also be able to read books written in it and to use it to send e-mails and write letters to friends who understand the language.

If you use a foreign language ❷in these ways, you will be able to understand the culture behind the language. You can learn more about other ways of living and thinking, for example.

If you understand more about other cultures, you will find how different they are from ❸yours. And then, you will have better ideas about your own culture than ever before.

In this way, studying a foreign language leads to a better understanding of your own culture.

[注]　than ever before：以前より，これまでになく

 91

(1) 現在完了形　❶の（　）内の語を適切な形にかえなさい。

_____

(2) 内容の理解　下線部❷が指す内容を３つ日本語で書きなさい。

（　　　　　　　　　　　　　　　　　　　　）

（　　　　　　　　　　　　　　　　　　　　）

（　　　　　　　　　　　　　　　　　　　　）

(3) 内容の理解　下線部❸の具体的な内容を本文中の連続する３語で書きなさい。

_____

ポイント

(1)現在完了の基本形は？　☞チェック1
(2)第２段落に注目。
(3) yours はどういう意味かをまず考える。

Science, Language, etc. ① 科学, 言語など①

単語・熟語の解説は別冊 P.28

意味 意味を書いてみましょう。 練習 つづりの練習をして覚えましょう。

STEP 1 ●基礎

1 □ **bring** [bríŋ] ブリング 意味＿＿＿＿＿＿ 練習＿＿＿＿＿＿＿＿

2 □ **send** [sénd] センド 意味＿＿＿＿＿＿ 練習＿＿＿＿＿＿＿＿

3 □ **table** [téibl] テイブル 意味＿＿＿＿＿＿ 練習＿＿＿＿＿＿＿＿

4 □ **try** [trái] トゥライ 意味＿＿＿＿＿＿ 練習＿＿＿＿＿＿＿＿

STEP 2 ●中級

5 □ **probably** [prábəbli] プラバブリィ 意味＿＿＿＿＿＿ 練習＿＿＿＿＿＿＿＿

6 □ **environment** [inváiərənmənt] インヴァイアロンメント 意味＿＿＿＿＿＿ 練習＿＿＿＿＿＿＿＿

7 □ **distance** [dístəns] ディスタンス 意味＿＿＿＿＿＿ 練習＿＿＿＿＿＿＿＿

8 □ **move** [múːv] ムーヴ 意味＿＿＿＿＿＿ 練習＿＿＿＿＿＿＿＿

9 □ **below** [bilóu] ビロウ 意味＿＿＿＿＿＿ 練習＿＿＿＿＿＿＿＿

10 □ **need to ～** 意味＿＿＿＿＿＿ 練習＿＿＿＿＿＿＿＿

11 □ **produce** [prəd(j)úːs] プロドゥース 意味＿＿＿＿＿＿ 練習＿＿＿＿＿＿＿＿

STEP 3 ●上級

12 □ **fuel** [fjúːəl] フューエル 意味＿＿＿＿＿＿ 練習＿＿＿＿＿＿＿＿

13 □ **in order to ～** 意味＿＿＿＿＿＿ 練習＿＿＿＿＿＿＿＿

14 □ **protect** [prətékt] プロテクト 意味＿＿＿＿＿＿ 練習＿＿＿＿＿＿＿＿

15 □ **locally** [lóukəli] ロウカリィ 意味＿＿＿＿＿＿ 練習＿＿＿＿＿＿＿＿

単語・熟語の意味

1 □ 動 持ってくる
2 □ 動 送る，届ける
3 □ 名 表
4 □ 動 試す，食べてみる
5 □ 副 おそらく，たぶん
6 □ 名 環境
7 □ 名 距離
8 □ 動 動く，移動する
9 □ 副 下に
10 □ 熟 ～する必要がある
11 □ 動 生産する，産出する
12 □ 名 燃料
13 □ 熟 ～するために
14 □ 動 守る，保護する
15 □ 副 地元で，近所で

☆☆次の英文を読んで，あとの設問に答えなさい。 (25点×4)

You probably don't usually think much about the food you eat every day. Now, just think about where it comes from and how it comes to you.

Lots of food comes to Japan from many countries. We use fuel in order to bring the food from other countries. Using too much fuel is not good for the environment.

The distance food moves is called "food mileage." Food mileage tells us how much fuel we use when we send food to other countries. If the food mileage is high, it is bad for the environment. From the table below, we can see that Japan buys a lot of food from other countries. Japan's food mileage is higher than the other three countries. It shows that Japan is not kind to the environment. We need to think more about this.

To protect the environment, buying locally produced food is a good idea. So let's try local food and be kind to the environment.

🔊 93

[注] food mileage：輸入される食料の重量× 輸送距離で計算される値

Food mileage of four countries
（単位：百万トンキロメートル）

Japan	Korea	USA	UK
900.2	317.2	295.8	188.0

出典：フードマイレージキャンペーンホームページ

◎ 内容の理解 次の英文が本文のまとめとなるように，①〜④ の（　）に適する語を下から選び，その記号を書きなさい。

Japan buys a lot of food from many other countries. So we use a lot of fuel to ①(　　) food from other countries. Food mileage is an idea to be ②(　　) to the environment. Japan's food mileage is the ③(　　) of the four countries. For a better environment, we should ④(　　) locally produced food.

ア higher 　　イ highest 　　ウ try

エ bring 　　オ kind 　　カ help

ポイント

①外国から食料をど うするのか？
②環境に対してどう するのか？
③4か国の「フード マイレージの高さ」 を比較してみる。
④地元の産物をどう するのか？

93

Science, Language, etc. ① 科学, 言語など①

単語・熟語の解説は別冊 P.29

意味 意味を書いてみましょう。 練習 つづりの練習をして覚えましょう。

STEP1 ●基礎

① □ **animal** [ǽnəməl] アニマル 意味＿＿＿＿＿ 練習＿＿＿＿＿＿＿＿＿＿＿

② □ **world** [wə́:rld] ワールド 意味＿＿＿＿＿ 練習＿＿＿＿＿＿＿＿＿＿＿

③ □ **snow** [snóu] スノウ 意味＿＿＿＿＿ 練習＿＿＿＿＿＿＿＿＿＿＿

④ □ **color** [kʌ́lər] カラァ 意味＿＿＿＿＿ 練習＿＿＿＿＿＿＿＿＿＿＿

⑤ □ **blue** [blú:] ブルー 意味＿＿＿＿＿ 練習＿＿＿＿＿＿＿＿＿＿＿

⑥ □ **red** [réd] レッド 意味＿＿＿＿＿ 練習＿＿＿＿＿＿＿＿＿＿＿

STEP2 ●中級

⑦ □ **insect** [ínsekt] インセクト 意味＿＿＿＿＿ 練習＿＿＿＿＿＿＿＿＿＿＿

⑧ □ **number** [nʌ́mbər] ナンバァ 意味＿＿＿＿＿ 練習＿＿＿＿＿＿＿＿＿＿＿

⑨ □ **kind** [káind] カインド 意味＿＿＿＿＿ 練習＿＿＿＿＿＿＿＿＿＿＿

⑩ □ **discover** [diskʌ́vər] ディスカヴァ 意味＿＿＿＿＿ 練習＿＿＿＿＿＿＿＿＿＿＿

⑪ □ **place** [pléis] プレイス 意味＿＿＿＿＿ 練習＿＿＿＿＿＿＿＿＿＿＿

⑫ □ **reason** [rí:zn] リーズン 意味＿＿＿＿＿ 練習＿＿＿＿＿＿＿＿＿＿＿

⑬ □ **history** [hístəri] ヒストリィ 意味＿＿＿＿＿ 練習＿＿＿＿＿＿＿＿＿＿＿

⑭ □ **far from ～** 意味＿＿＿＿＿ 練習＿＿＿＿＿＿＿＿＿＿＿

STEP3 ●上級

⑮ □ **spider** [spáidər] スパイダァ 意味＿＿＿＿＿ 練習＿＿＿＿＿＿＿＿＿＿＿

▼▲▼▲▼▲▼▲▼▲▼▲▼▲▼▲▼▲ 単語・熟語の意味 ▼▲▼▲▼▲▼▲▼▲▼▲▼▲▼▲

① □名 動物　　　　　⑥ □名 赤　　　　　　⑪ □名 場所, 所

② □名 世界　　　　　⑦ □名 昆虫　　　　　⑫ □名 理由, わけ

③ □名 雪　　　　　　⑧ □名 数, 数字　　　⑬ □名 歴史

④ □名 色　　　　　　⑨ □名 種類　　　　　⑭ □熟 ～からほど遠い

⑤ □名 青　　　　　　⑩ □動 発見する　　　⑮ □名 クモ

▼▲

☆☆次の英文を読んで，あとの設問に答えなさい。　　　　　　　　　　　　　　（20点×5）

Do you know how many insects there are on the earth? The number of insects is the greatest of all animals in the world and a lot of new kinds of insects are ❶(discover) every year. Some kinds of insects live in the water and some even live in the snow. Insects can live in many kinds of places. ❷This is one of the reasons for their very long history. They have ❸(be) on the earth for more than 300,000,000 years.

Then, what is an insect? An insect is a very small animal that has six legs. If you find a small animal that has six legs, you can call it an insect. A spider is a small animal with eight legs. So it is not an insect.

Insects cannot see things very well that are far from them. But they can see some colors. For example, some insects can see the colors of the flowers they want to visit. Some like blue and some like red.

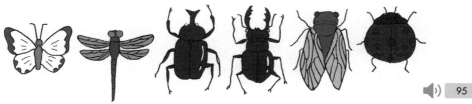

95

(1) 語 形 変 化　❶・❸の（　）内の語を適する形にかえなさい。

❶ ＿＿＿＿＿＿　　　　❸ ＿＿＿＿＿＿

(2) 内 容 の 理 解　下線部❷の内容を日本語で書きなさい。

（　　　　　　　　　　　　　　　　　　　　　　　　　）

(3) 内 容 の 理 解　本文の内容と合うように，日本語で答えなさい。

(a) クモが昆虫と言えない理由は何ですか。

（　　　　　　　　　　　　　　　　　　　　　）

(b) 昆虫の視覚の特徴を２つ簡潔に書きなさい。

（　　　　　　　　　　　　　　　　　　　　　　　）

○◦ポイント◦○

(1)❶ be 動詞が前にあるので受動態に。
☞チェック❾
❸ have が前にあるので現在完了に。
☞チェック❸
(2)直前の文を参照。
(3)(a)第２段落参照。
(b)第３段落参照。

まとめて覚えよう④

英語のことわざ

To err is human, to forgive divine.
（過つは人の常，許すは神のわざ）

●err[ə́:r]は error（間違い）の動詞形です。to forgive のあとには is が省略されています。2つの to ～は，ともに名詞的用法の不定詞です。学校の先生は神様ではありませんから，テストで間違っても許してくれませんよ。

Love is blind.
（恋は盲目なり）

●説明は不要。アバタもエクボに見えてしまうのだ。

Even Homer sometimes nods.
（弘法も筆の誤り）

●Homer とは紀元前10世紀ころの古代ギリシアの詩人です。文字通りに訳すと「ホーマーでさえ居眠りすることがある」（居眠りでもしながら書いたような間違いがある）という

こと。なお，弘法は平安時代の僧の空海のこと。また，この訳文としては「猿も木から落ちる」をあてることもあります。

A friend in need is a friend indeed.
（まさかのときの友こそ真の友）

●いいときだけ仲よくして，困っているときや少しでも落ち目になるとすぐにバイバイしてしまうようなのは，本当の友だちではないということです。in need と indeed が韻を踏んでいるんですね。

Honesty is the best policy.
（正直は最良の方策）

●アメリカ合衆国初代大統領ワシントンの例を引くまでもなく，正直に生きることは大切なことなのです。日本のことわざにも「正直の頭に神宿る」というのがあります。

Rome was not built in a day.
（ローマは1日にして成らず）

●そうなのです。何かを成し遂げるためには
それなりの努力と時間が必要なのです。英
語の勉強もあせらずにがんばりましょう。
でも，このことわざ，仕事などが遅れたと
きの言いわけにもよく使われるんだって!?

Seeing is believing.
（百聞は一見にしかず）

● seeing も believing も動名詞。ことわざと
してはどちらも不定詞ではなく動名詞を使
います。

A drowning man will catch at a straw.
（おぼれる者はわらをもつかむ）

●人間は非常に困難な状況では，頼りになり
そうもないものまで頼りにするんです。

An Englishman's house is his castle.
（英国人の家は城）

●イギリス人はプライバシーをとても尊重する
ので，家庭はまるで城のように防御がかた
いということです。

Make hay while the sun shines.
（好機逸すべからず）

●文字通りには「太陽が照っているうちに干し
草をつくれ」ということ。ヤワラカ頭の今の
うちに英語をいっぱい覚えようということ
かな？

There's no place like home.
（わが家にまさる所はない）

●これは 'Home, Sweet Home' という歌に出
てくる文句です。この前には，「たとえどん
なに粗末な家であっても」という詞がついて
います。まぁ，粗末でも粗末でなくても，
わが家はいいものなのです。

科学，言語など①

月　　日

点

解答は別冊 P.29・30

1 次の英語は日本語に，日本語は英語になおしなさい。　　　　（2点×18）

(1)	earth	（　　　）	(2)	number	（　　　）
(3)	reason	（　　　）	(4)	history	（　　　）
(5)	bring	（　　　）	(6)	language	（　　　）
(7)	subject	（　　　）	(8)	send	（　　　）
(9)	外国の	＿＿＿＿＿	(10)	世界	＿＿＿＿＿
(11)	色	＿＿＿＿＿	(12)	種類	＿＿＿＿＿
(13)	動物	＿＿＿＿＿	(14)	動く，移動する	＿＿＿＿＿
(15)	発見する	＿＿＿＿＿	(16)	文化	＿＿＿＿＿
(17)	理解する	＿＿＿＿＿	(18)	青	＿＿＿＿＿

2 次の **AB** と **CD** の関係がほぼ同じになるように，**D** に適語を入れなさい。　（2点×6）

	A	B	C	D
(1)	buy	bought	send	＿＿＿＿＿
(2)	die	dead	sleep	＿＿＿＿＿
(3)	have	has	try	＿＿＿＿＿
(4)	pretty	prettier	good	＿＿＿＿＿
(5)	give	given	write	＿＿＿＿＿
(6)	know	no	here	＿＿＿＿＿

3 次の語群を，日本文に合うように並べかえて全文を書きなさい。　（6点×2）

(1) あなたの助けのおかげで，私はその仕事を終えることができました。

(help / was / your / thanks / I / to / to / finish / able) the work.

＿＿＿＿＿＿＿＿＿＿＿＿＿＿＿＿＿＿＿＿＿＿＿＿＿＿＿＿

(2) その電車に乗るためには急ぐ必要があります。

You (in / to / to / catch / hurry / order / need) the train.

＿＿＿＿＿＿＿＿＿＿＿＿＿＿＿＿＿＿＿＿＿＿＿＿＿＿＿＿

4 次の英文を読んで，あとの設問に答えなさい。 (40点)

Some English words have interesting origins. Let's look at the history of two English words.

It is quite interesting to see how the word "robot" came into English. The word came from the Czech word "robota." Robota means "forced labor." It was first used in the 1920s by the author Karel Capek in his science fiction play. It is also interesting to know that he later said he did not invent the word himself. It was actually his brother. He was also a writer, but was better known as a painter.

You may be surprised to know that "school" first meant "free time." It's true. Many years ago, some young men in Greece used their free time for studying. Soon the place for learning was called a "school" in Greek. It still is. That is the history of the English word "school."

Every word has its own history. Some words are old, and other words are new. Study more about the history of English words, and you'll learn a lot of new and interesting things about them and you may find that learning English words is easier than before.

[注] origin：起源，由来　　robot：ロボット　　Czech：チェコの
forced labor：強制労働　　Karel Capek：カレル・チャペック(チェコの劇作家)
science fiction play：SF劇　　invent：発明する　　meant：mean の過去形
Greece：ギリシア　　Greek：ギリシア語　　🔊 99

(1) 本文の内容に合うように，次の問いに与えられた語句に続けて書きなさい。(8点×2)

(a) When was the word "robota" first used?

It was first used _____.

(b) What did the people in Greece call the place for learning?

They _____.

(2) 本文の内容と合うものには○，合わないものには×をつけなさい。 (6点×4)

ア〔　　〕 "robota"という語は100年ほど前に，科学雑誌に初めて載った。

イ〔　　〕 "robota"という語を実際に考え出したのはチャペックの兄だった。

ウ〔　　〕 "school"はギリシアで最初から「勉強のための場所」という意味だった。

エ〔　　〕 単語には長い歴史があるものも，短い歴史があるものもある。

科学, 言語など①

解答は別冊 P.30

◆◆次の英文を読んで，あとの設問に答えなさい。

(各 10 点× 10)

What do you know about the sea? Most of you have played in it. You know that it looks very pretty when the sun is shining on it. You also know that it is dangerous when the weather is very bad. What else do you know about ❶it?

The sea is very large. If you look at a world map, you can see that about 75% is water. There is more sea than land.

The sea is also very deep in some places. There is a special area in the sea near Japan. There, it is about 11 kilometers deep! The highest mountain in the world is about 9 kilometers high. If you put the mountain in the sea at that place, there will be 2 kilometers of water above ❷it!

You know that the sea is salty. The sea ❸(call) the Dead Sea is so salty that swimmers cannot sink. Fish cannot live in the Dead Sea.

In most parts of the sea, there are a lot of fish and plants. Some live near the top of the sea. Others live deep down. There are also millions of living things that float in the sea. These floating things are very small. It is hard to see them. Many fish live by eating these small living things.

Some parts of the sea are very cold. Divers who go deep down in the sea know ❹this. Near the top, the water may be warm. When the diver goes down, the sea becomes colder and colder.

❺Another thing happens. When the diver goes deeper, the water presses on him. To be safe, he must wear a special kind of diving suit. ❻People who want to go very deep must use a very strong diving ship.

[注]　shine：輝く　　deep：深い，深く　　above：～の上に　　salty：塩分が多い
　　　the Dead Sea：死海　　sink：沈む　　millions of ～：無数の～
　　　float：浮く　　diver：ダイバー(潜水する人)　　press on ～：～を圧迫する

100

(1) 下線部❶, ❷の it, ❹の this はそれぞれ本文中のどの語句・文を指しているか1つ選び, 記号で答えなさい。

❶ 〔　〕 ア　the sun　　　　イ　the sea
　　　　　ウ　the map　　　　エ　the weather

❷ 〔　〕 ア　the sea　　　　イ　a special area
　　　　　ウ　the mountain　エ　that place

❹ 〔　〕 ア　There are a lot of fish and plants.
　　　　　イ　There are millions of living things that float in the sea.
　　　　　ウ　Many fish live by eating these small living things.
　　　　　エ　Some parts of the sea are very cold.

(2) 下線部❸の( )内の語を適する形になおしなさい。

―――――――――

(3) 下線部❺の Another thing happens. とは具体的にどのようなことか。句読点も含めて20字以内の日本語で説明しなさい。

　　(　　　　　　　　　　　　　　　　　　　　　　　　　　)

(4) 下線部❻の文を読むとき, 1か所区切って読むとすればどこがよいか, 記号で答えなさい。　　　　　　　　　　　　　　　　　　　　　　　　〔　　〕

People ア who want イ to go ウ very deep エ must use オ a very strong diving ship.

(5) 本文の内容を次のように要約するとき, ①～④の( )に適する語句を下から選び, 記号で答えなさい。

You know the sea looks very pretty when the weather is fine. You also know that the sea is ①( ) in bad weather. It is very large. The sea in some places near ②( ) is very deep. It is about 11 kilometers deep. No fish can live in ③( ) because it is very salty. Many fish live by eating small living things in the sea. When the diver goes down deeper, he will find that the water becomes ④( ) and presses on him.

ア　the Dead Sea　イ　Japan　　　ウ　the sea　　エ　colder
オ　warmer　　　　カ　dangerous　キ　safe

Science, Language, etc. ② 科学, 言語など②

 102

単語・熟語の解説は別冊 P.30

意味 意味を書いてみましょう。 練習 つづりの練習をして覚えましょう。

STEP1 ●基礎

1 □ **Here is ～.** 意味＿＿＿＿＿ 練習＿＿＿＿＿

2 □ **question** [kwéstʃən] クウェスチョン 意味＿＿＿＿＿ 練習＿＿＿＿＿

3 □ **color** [kʌ́lər] カラァ 意味＿＿＿＿＿ 練習＿＿＿＿＿

4 □ **yellow** [jélou] イエロウ 意味＿＿＿＿＿ 練習＿＿＿＿＿

5 □ **green** [gríːn] グリーン 意味＿＿＿＿＿ 練習＿＿＿＿＿

6 □ **light** [láit] ライト 意味＿＿＿＿＿ 練習＿＿＿＿＿

7 □ **stop** [stáp] スタップ 意味＿＿＿＿＿ 練習＿＿＿＿＿

8 □ **usually** [júːʒuəli] ユージュアリィ 意味＿＿＿＿＿ 練習＿＿＿＿＿

9 □ **interesting** [íntrəstiŋ] インタレスティング 意味＿＿＿＿＿ 練習＿＿＿＿＿

STEP2 ●中級

10 □ **traffic** [træfik] トゥラフィック 意味＿＿＿＿＿ 練習＿＿＿＿＿

11 □ **around the world** 意味＿＿＿＿＿ 練習＿＿＿＿＿

12 □ **scientist** [sáiəntist] サイエンティスト 意味＿＿＿＿＿ 練習＿＿＿＿＿

13 □ **far away** 意味＿＿＿＿＿ 練習＿＿＿＿＿

14 □ **thing** [θíŋ] スィング 意味＿＿＿＿＿ 練習＿＿＿＿＿

STEP3 ●上級

15 □ **What ～ for?** 意味＿＿＿＿＿ 練習＿＿＿＿＿

▼▲▼▲▼▲▼▲▼▲▼▲▼▲▼ 単語・熟語の意味 ▼▲▼▲▼▲▼▲▼▲▼▲▼

1 □熟 ここに～がある。
2 □名 質問, 問い, 問題
3 □名 色
4 □名 黄色
5 □名 緑

6 □名 信号(灯), 明かり
7 □動 止まる, 立ちどまる
8 □副 ふつうは, たいてい
9 □形 おもしろい
10 □名 交通

11 □熟 世界中で
12 □名 科学者
13 □熟 遠く離れて
14 □名 物, 事
15 □熟 何のために〔の〕～。

1 ABOUT COLORS 色について

解答・考え方は別冊 **P.30**

☆☆ 次の英文を読んで，あとの設問に答えなさい。

(25点×4)

Here is a question. What are the colors red, yellow and green for?　ⒶYes. They are for traffic lights. The same colors are ❶(use) for traffic lights around the world.　Ⓑ　When you see a red traffic light, you must stop. Scientists say that it is easier for people to see red from far away than any other color.

　Ⓒ　What do you call a green traffic light in Japanese? Many people in Japan call it *ao*. *Ao* usually means (　❷　), but *ao* sometimes means a different color —— green.

Do you think these things are interesting?　Ⓓ　If you do, you should read this book. It will tell you a lot about colors.

🔊 103

(1) 内容の理解 Ⓐ〜Ⓓのいずれかに, Here is another question. という１文を補うとき，適する場所を記号で答えなさい。 〔　　〕

(2) 受動態 ❶の（　）内の語を適する形にかえなさい。

＿＿＿＿＿＿＿＿

(3) 内容の理解 ❷の（　）内に適する語を１つ選びなさい。

　　ア　blue　　　イ　green　　　ウ　red　　　エ　yellow

(4) 内容の理解 筆者がこの英文を書いた意図として最も適切なものを１つ選びなさい。

　　ア　世界の交通について比較すること

　　イ　科学の重要性について説明すること

　　ウ　国を表す色についてたずねること

　　エ　ある本を読むようにすすめること

○◌ポイント◌○

(1)「もう１つ質問があります」と言っているのだから…。
(2)受動態にする。
☞チェック❾
(3)「青」がふつう意味するものは英語では…？
(4)最後の２文に注目する。

Science, Language, etc. ② 科学，言語など②

単語・熟語の解説は別冊 P.31

|意味| 意味を書いてみましょう。 |練習| つづりの練習をして覚えましょう。

STEP 1 ●基礎

1 □ **gave** [géiv] |意味|_____ |練習|_____

2 □ **love** [lʌv] |意味|_____ |練習|_____

3 □ **hope** [hóup] |意味|_____ |練習|_____

4 □ **poor** [púər] |意味|_____ |練習|_____

5 □ **story** [stɔ́ːri] |意味|_____ |練習|_____

6 □ **face** [féis] |意味|_____ |練習|_____

7 □ **hungry** [hʌ́ŋgri] |意味|_____ |練習|_____

8 □ **bread** [bréd] |意味|_____ |練習|_____

9 □ **again** [əgén] |意味|_____ |練習|_____

10 □ **mean** [míːn] |意味|_____ |練習|_____

11 □ **city** [síti] |意味|_____ |練習|_____

STEP 2 ●中級

12 □ **more than ~** |意味|_____ |練習|_____

13 □ **India** [índiə] |意味|_____ |練習|_____

14 □ **be afraid (that) ~** |意味|_____ |練習|_____

STEP 3 ●上級

15 □ **prize** [práiz] |意味|_____ |練習|_____

▽▲▽▲▽▲▽▲▽▲▽▲▽▲▽▲▽▲ 単語・熟語の意味 ▽▲▽▲▽▲▽▲▽▲▽▲▽▲▽▲

1 □動 give(与える)の過去形　　6 □名 顔，顔つき　　　　11 □名 都市，市

2 □名 愛，愛情　　　　　　　　7 □形 空腹の　　　　　　12 □熟 ～以上の

3 □名 希望，望み　　　　　　　8 □名 パン，食パン　　　13 □名 インド

4 □形 貧しい，貧乏な　　　　　9 □副 再び，また　　　　14 □熟 ～だと心配する

5 □名 話，物語　　　　　　　 10 □動 意味する，表す　　15 □名 賞，賞品

MOTHER TERESA マザー・テレサ

解答・考え方は別冊 P.31

☆☆次の英文を読んで，あとの設問に答えなさい。　　　　　　　　　（20点×5）

Mother Teresa died on September 7, 1997. She was eighty-seven years old. For more than fifty years she gave her love and hope to many poor people in the world. Here is a story about her.

One day she met a little girl on a street in India. The girl was only six years old. From her face Mother Teresa could see that the girl was really hungry, so she gave her some bread. The girl started to eat it, but she only ate a little of it. Mother Teresa said, "Why don't you eat all the bread?" The girl looked at her and said, "I am afraid I will be hungry again after I eat the bread." Mother Teresa often told this story to ask <u>the question</u>: "Do we know what 'hungry' means?"

She built homes for the poor in 200 cities in the world, and she also worked for about 7,000 children who lived in 120 homes. She got the Nobel Peace Prize for her work in 1979.

[注]　home：福祉施設　　the Nobel Peace Prize：ノーベル平和賞

105

(1) 内容の理解　下線部の具体的な内容を日本語で書きなさい。

（　　　　　　　　　　　　　　　　　　　　　　　　　　）

(2) 内容の理解　本文の内容に合うように，次の問いに与えられた語句に続けて書きなさい。

(a) How old was Mother Teresa when she died?

She was ＿＿＿＿＿＿＿＿＿＿＿＿＿＿＿＿＿＿＿.

(b) Where did Mother Teresa meet a little girl?

Mother Teresa ＿＿＿＿＿＿＿＿＿＿＿＿＿＿＿＿.

(c) What could Mother Teresa see from the face of the girl?

Mother Teresa could ＿＿＿＿＿＿＿＿＿＿＿＿＿＿.

(d) Why didn't the girl eat all the bread?

Because she ＿＿＿＿＿＿＿＿＿＿＿＿＿＿＿＿

after eating the bread.

ポイント

(1)11 行目参照。

(2)(a) 1 〜 2 行目参照。

(b) 4 行目参照。

(c) 5 〜 6 行目参照。

(d) 9 〜 10 行目参照。

セクション 7 Science, Language, etc. ② 科学, 言語など②

単語・熟語の解説は別冊 P.31

意味 意味を書いてみましょう。 練習 つづりの練習をして覚えましょう。

STEP1 ●基礎

1 □ **plane** [pléin] ブレイン 意味＿＿＿＿ 練習＿＿＿＿

2 □ **fly** [flái] フライ 意味＿＿＿＿ 練習＿＿＿＿

STEP2 ●中級

3 □ **center** [séntər] センタァ 意味＿＿＿＿ 練習＿＿＿＿

4 □ **forest** [fɔ́ːrist] フォーレスト 意味＿＿＿＿ 練習＿＿＿＿

5 □ **thousands of ～** 意味＿＿＿＿ 練習＿＿＿＿

6 □ **be full of ～** 意味＿＿＿＿ 練習＿＿＿＿

7 □ **plant** [plǽnt] プラント 意味＿＿＿＿ 練習＿＿＿＿

8 □ **wood** [wúd] ウッド 意味＿＿＿＿ 練習＿＿＿＿

9 □ **desert** [dézərt] デザァト 意味＿＿＿＿ 練習＿＿＿＿

10 □ **so ～ that ...** 意味＿＿＿＿ 練習＿＿＿＿

11 □ **dangerous** [déindʒərəs] デインヂャラス 意味＿＿＿＿ 練習＿＿＿＿

STEP3 ●上級

12 □ **all the time** 意味＿＿＿＿ 練習＿＿＿＿

13 □ **disappear** [disəpíər] ディサピア 意味＿＿＿＿ 練習＿＿＿＿

14 □ **crop** [krɑ́p] クラップ 意味＿＿＿＿ 練習＿＿＿＿

15 □ **climate** [kláimət] クライメット 意味＿＿＿＿ 練習＿＿＿＿

▼▼▼ 単語・熟語の意味 ▼▼▼

1 □ 名 飛行機
2 □ 動 飛ぶ, 飛行機で行く
3 □ 名 中央(部)
4 □ 名 森林, 森
5 □ 熟 何千という～

6 □ 熟 ～でいっぱいである
7 □ 名 植物, 草木
8 □ 名 木材, 木, まき
9 □ 名 砂漠
10 □ 熟 とても～なので…

11 □ 形 危険な
12 □ 熟 いつも, 常に
13 □ 動 消える
14 □ 名 農作物
15 □ 名 気候

3 | THE FORESTS 森林

解答・考え方は別冊 P.31

月　　　日

点

☆☆次の英文を読んで，あとの設問に答えなさい。　　　　　　　　　　(20点×5)

If you travel （　❶　） across the center of Africa or South America, you will fly over forests for thousands of kilometers. These great forests are like seas of trees. They are （　❷　） of thousands and thousands of different kinds of plants and animals.

But the world's forests are getting smaller and smaller all the time.

We are cutting down the trees because we need wood, and because we need more farm land. Some people say that soon there will not be any forests left. What will happen if they disappear?

If we cut down our forests, a lot of plants and animals will disappear from the world. In a lot of places the new farm land will look （　❸　） the old deserts. Crops will not grow there. It will not rain very often. The weather will get （　❹　） hot that the climate of the world will change. This will be dangerous for everyone in the world.　❺　　　　　　　🔊 107

(1) 内容の理解　❶の（　）に適する語句を1つ選びなさい。

　　ア　by bus　　イ　by car　　ウ　by train　　エ　by plane

(2) 熟語の知識　❷〜❹の（　）に適する語を1つずつ選びなさい。

　　❷〔　　〕　　❸〔　　〕　　❹〔　　〕

　　ア　that　　イ　full　　ウ　so　　エ　like

(3) 内容の理解　　❺　に適する文を1つ選びなさい。

　　ア　We will need more farm land in the future.

　　イ　There are many large houses made of wood in our country.

　　ウ　So it is very important for us to take care of our forests.

　　エ　In the near future you won't be able to find any forests in the center of Africa.

○ポイント○

(1)同じ文のコンマのあとの動詞に注意。

(2)❷「〜でいっぱいである」 ❸「〜のように見える」 ❹「とても〜なので…」

◀左ページを見よ

(3)「だれにとっても危険である」に続く文。だからどうすればいいかを考える。

107

Science, Language, etc. ② 科学, 言語など②

単語・熟語の解説は別冊 P.31・32

意味 意味を書いてみましょう。 練習 つづりの練習をして覚えましょう。

STEP1 ●基礎

1 □ **today** [tədéi] トゥデイ 意味＿＿＿＿＿＿ 練習＿＿＿＿＿＿

2 □ **kitchen** [kítʃən] キチン 意味＿＿＿＿＿＿ 練習＿＿＿＿＿＿

STEP2 ●中級

3 □ **difficult** [dífikəlt] ディフィカルト 意味＿＿＿＿＿＿ 練習＿＿＿＿＿＿

4 □ **women** [wímin] ウィミン 意味＿＿＿＿＿＿ 練習＿＿＿＿＿＿

5 □ **outside** [àutsáid] アウトサイド 意味＿＿＿＿＿＿ 練習＿＿＿＿＿＿

6 □ **job** [dʒáb] チャブ 意味＿＿＿＿＿＿ 練習＿＿＿＿＿＿

7 □ **various** [véəriəs] ヴェアリアス 意味＿＿＿＿＿＿ 練習＿＿＿＿＿＿

8 □ **office** [ɔ́:fis] オーフィス 意味＿＿＿＿＿＿ 練習＿＿＿＿＿＿

9 □ **doctor** [dáktər] ダクタァ 意味＿＿＿＿＿＿ 練習＿＿＿＿＿＿

10 □ **engineer** [èndʒiníər] エンヂニア 意味＿＿＿＿＿＿ 練習＿＿＿＿＿＿

11 □ **married** [mǽrid] マリッド 意味＿＿＿＿＿＿ 練習＿＿＿＿＿＿

12 □ **take care of ～** 意味＿＿＿＿＿＿ 練習＿＿＿＿＿＿

13 □ **children** [tʃíldrən] チルドゥレン 意味＿＿＿＿＿＿ 練習＿＿＿＿＿＿

14 □ **ask ... to ～** 意味＿＿＿＿＿＿ 練習＿＿＿＿＿＿

STEP3 ●上級

15 □ **announcer** [ənáunsər] アナウンサァ 意味＿＿＿＿＿＿ 練習＿＿＿＿＿＿

▼▲▼▲▼▲▼▲▼▲▼▲▼▲▼▲▼▲ 単語・熟語の意味 ▼▲▼▲▼▲▼▲▼▲▼▲▼▲▼▲

1 □副 今日〔現在〕では
2 □名 台所
3 □形 難しい
4 □名 woman(女性)の複数形
5 □前 □副 (～の)外で

6 □名 仕事
7 □形 いろいろな
8 □名 会社, 事務所
9 □名 医者, 医師
10 □名 技師

11 □形 結婚した
12 □熟 ～の世話をする
13 □名 child(子ども)の複数形
14 □熟 …に～するように頼む
15 □名 アナウンサー

☆☆次の英文を読んで，あとの設問に答えなさい。　(20点×5)

Many years ago, ❶it was difficult for women to work outside their homes. Many people thought that ❷women should stay home.　There were not so many jobs that women could get.

Today women can get various kinds of jobs.　More women are becoming doctors, engineers and even bus drivers ―― not just office workers. However, working outside the home is still difficult for married women. They have ❸a lot of things to do at home such as washing, cooking and taking care of their ❹children.　Should women be asked to do all these things and work?

There are many things at home that men can do for women.　They can help in the kitchen.　They can take care of their little children.　In these ways, men can help married women to work outside.　❺The first thing to do is to talk about what men and women can do at home for each other.

◀)) 109

(1) 内容の理解　下線部❶の理由を2つ日本語で書きなさい。(完答)

（　　　　　　　　　　　　　　　　　　　　　　　　）

（　　　　　　　　　　　　　　　　　　　　　　　　）

(2) 単数形・複数形　下線部❷・❹の語の単数形を書きなさい。

❷　＿＿＿＿＿＿＿＿

❹　＿＿＿＿＿＿＿＿

(3) 内容の理解　下線部❸は，具体的にどのようなことか。本文中から抜き出して日本語で書きなさい。

（　　　　　　　　　　　　　　　　　　　　　　　）

(4) 内容の理解　下線部❺の内容を具体的に日本語で書きなさい。

（　　　　　　　　　　　　　　　　　　　　　　　）

○ポイント○

(1)あとに続く2文に注目する。

(2)いずれも不規則に変化する複数形。

◀◀左ページを見よ

(3)such as のあとに注目する。

(4)is のあとに注目する。

Science, Language, etc. ② 科学, 言語など②

セクション 7

110

単語・熟語の解説は別冊 P.32

意味 意味を書いてみましょう。 練習 つづりの練習をして覚えましょう。

STEP1 ●基礎

1 □ **a few ～**　意味＿＿＿＿　練習＿＿＿＿

2 □ **half** [hǽf] ハフ　意味＿＿＿＿　練習＿＿＿＿

3 □ **map** [mǽp] マップ　意味＿＿＿＿　練習＿＿＿＿

4 □ **head** [héd] ヘッド　意味＿＿＿＿　練習＿＿＿＿

5 □ **body** [bádi] バディ　意味＿＿＿＿　練習＿＿＿＿

6 □ **believe** [bilíːv] ビリーヴ　意味＿＿＿＿　練習＿＿＿＿

7 □ **follow** [fálou] ファロウ　意味＿＿＿＿　練習＿＿＿＿

8 □ **line** [láin] ライン　意味＿＿＿＿　練習＿＿＿＿

STEP2 ●中級

9 □ **neighbor** [néibər] ネイバァ　意味＿＿＿＿　練習＿＿＿＿

10 □ **be surprised to ～**　意味＿＿＿＿　練習＿＿＿＿

11 □ **south** [sáuθ] サウス　意味＿＿＿＿　練習＿＿＿＿

STEP3 ●上級

12 □ **compass** [kʌ́mpəs] カンパス　意味＿＿＿＿　練習＿＿＿＿

13 □ **magnetic** [mægnétik] マグネティック　意味＿＿＿＿　練習＿＿＿＿

14 □ **pigeon** [pídʒən] ピヂョン　意味＿＿＿＿　練習＿＿＿＿

15 □ **get lost**　意味＿＿＿＿　練習＿＿＿＿

▼▲▼▲▼▲▼▲▼▲▼▲▼▲▼▲ 単語・熟語の意味 ▼▲▼▲▼▲▼▲▼▲▼▲▼▲▼▲

1 □熟 2, 3の～

2 □形 半分の

3 □名 地図

4 □名 頭

5 □名 体

6 □動 信じる

7 □動 ついていく, したがう

8 □名 線

9 □名 隣人, 近所の人

10 □熟 ～して驚く

11 □副 南へ

12 □名 羅針盤, 磁石

13 □形 磁石の, 磁気の

14 □名 ハト

15 □熟 (道に)迷う

☆☆次の英文を読んで，あとの設問に答えなさい。　　　　　　　　(25点×4)

Have you ever heard a story like this? A woman moves to a new town with her cat. ❶After a few weeks, her old neighbors are surprised to find the cat at the door. It has found its own way back home.

Not many animals have traveled as far as Tom, a dog in Australia who traveled 1,600 kilometers to come back home. In 1991, Sam, a cat in America, traveled 800 kilometers more than Tom. In Japan, Taro, a dog, traveled half the distance Sam traveled. Do they have maps, a compass or a GPS in their heads?

Scientists believe that cats have something magnetic inside their bodies. They also believe that homing pigeons also have the same thing. They are called 'homing' pigeons because they are always able to find their way home. ❷Many birds travel a long distance without getting lost when they fly south for the winter. They follow the magnetic lines of the earth to find their way.

[注]　GPS：全地球測位システム　　homing pigeon：伝書バト

(1) 【熟語などの知識】　下線部❶・❷を日本文になおしなさい。

❶ (　　　　　　　　　　　　　　　　　　　　　　　　　　　)

❷ (　　　　　　　　　　　　　　　　　　　　　　　　　　　)

(2) 【内容の理解】　次の問いに対する答えを１つずつ選びなさい。

(a) How far did the dog, Taro, travel to come back home?

　　ア　400 kilometers.　　　　イ　800 kilometers.

　　ウ　1,200 kilometers.　　　エ　1,600 kilometers.

(b) What do many birds use to fly south?

　　ア　Maps in their heads.　　イ　A compass.

　　ウ　A GPS.　　　　　　　　エ　The magnetic lines.

◯◯ポイント◯◯

(1)❶ be surprised to ～の意味は？
❷ get lostの意味は？
◀左ページを見よ
(2)(a) Tom の距離は1,600km。Sam は1,600km＋800kmで 2,400km。Taro はその Sam の半分。
(b)最後の２行に注目する。

科学，言語など②

月　　日

点

解答は別冊 **P.32・33**

1 次の英語は日本語に，日本語は英語になおしなさい。　（2点×18）

(1) story （　　　　　　　）　(2) neighbor （　　　　　　　）

(3) various （　　　　　　　）　(4) disappear （　　　　　　　）

(5) job （　　　　　　　）　(6) fly （　　　　　　　）

(7) forest （　　　　　　　）　(8) bread （　　　　　　　）

(9) 質問，問い ＿＿＿＿＿＿　(10) 希望，望み ＿＿＿＿＿＿

(11) 地図 ＿＿＿＿＿＿　(12) 台所 ＿＿＿＿＿＿

(13) 体 ＿＿＿＿＿＿　(14) 飛行機 ＿＿＿＿＿＿

(15) 植物 ＿＿＿＿＿＿　(16) 医者 ＿＿＿＿＿＿

(17) 再び，また ＿＿＿＿＿＿　(18) 空腹の ＿＿＿＿＿＿

2 次の **AB** と **CD** の関係がほぼ同じになるように，**D** に適語を入れなさい。　（2点×6）

	A	B	C	D
(1)	box	boxes	child	＿＿＿＿
(2)	tall	short	rich	＿＿＿＿
(3)	do	did	give	＿＿＿＿
(4)	tooth	teeth	woman	＿＿＿＿
(5)	cat	animal	green	＿＿＿＿
(6)	hot	cold	easy	＿＿＿＿

3 次の語群を，日本文に合うように並べかえて全文を書きなさい。　（6点×2）

(1) 私は 10 匹以上の犬の世話をしています。

I (than / of / dogs / care / ten / more / take).

＿＿＿＿＿＿＿＿＿＿＿＿＿＿＿＿＿＿＿＿＿＿＿＿＿＿＿＿

(2) 私はとても忙しかったので，彼に私を手伝ってくれるように頼みました。

I was (that / him / asked / I / busy / help / so / to) me.

＿＿＿＿＿＿＿＿＿＿＿＿＿＿＿＿＿＿＿＿＿＿＿＿＿＿＿＿

4 次の英文を読んで，あとの設問に答えなさい。 (8点×5)

What do you need to do to mail a letter? You must buy a stamp and put it on. But long ago people had no stamps. When they sent letters, they had to ask someone to carry them. The people who finally got the letters paid some money.

In 1840, the first stamps in the world were made in the UK. After **❶**that, sending letters became easier. People just put the stamps on their letters [   ] the stamps showed that people already paid money to send them. Stamps have been popular around the world since then, and many kinds of stamps are made today. In Japan, you can make your own stamps with your favorite pictures or messages.

On the Internet you can find many beautiful and interesting stamps from around the world. A lot of people like to collect stamps. They don't use the stamps to send letters. Some of them think **❷**stamps are like picture books. They enjoy looking at the beautiful pictures on the stamps. Also, they enjoy learning a lot from the pictures of famous people, places and special events.

Did you know there are some rules about stamps? One of them is that a country must show its (   ) on its stamps. That's why we have the word "Nippon" on them in Japan. But there is only one country that has never written its (   ) on the stamps. It's the UK. People in the UK think they are special because the first stamps were made in their country.

　[注]　the UK：イギリス　　event：出来事　　That's why ～：そういうわけで～ 🔊 113

(1) 下線部❶が指す内容を具体的に日本語で書きなさい。

　　(   )

(2) 本文中の[　　]に最も適する語を1つ選びなさい。

　　ア　because　　　　イ　but　　　　ウ　if　　　　エ　when

(3) 下線部❷のように考えるのはなぜか，その理由を2つ日本語で書きなさい。

　　(   )
　　(   )

(4) 本文中の2つの(　　)に共通して入る英語1語を書きなさい。　　_____

科学，言語など②

解答は別冊 P.33・34

◆◆次の英文を読んで，あとの設問に答えなさい。

次の文章は時差ぼけ(jet lag)について書かれたものです。

After a long flight, you may feel sick, or sometimes you may have problems when you eat or sleep. These troubles come from jet lag. Jet lag happens when you cross several time zones from east to west or west to east. You don't have jet lag after flying from north to south or south to north.

There are twenty-four time zones in the world. When you travel west, you put your watch back an hour for every time zone you cross. When you travel east, you add an hour. If you travel to another country, you usually have to adjust your watch to the new time. At the same time, you have to adjust the 'clock' inside your body. The 'clock' decides when to eat or when to sleep. It is quite easy to adjust your watch, but it takes some time to adjust the ❶ .

Some kinds of jet lag are strong and others are not. Why is that? The scientists who study jet lag say there are several factors. One is the number of time zones you cross. ❷ . Another factor is direction. You can adjust yourself more easily in a flight from east to west than a flight from west to east. If you cross the date line from east to west, you go forward one day. If you cross it from west to east, you go back one day.

Many people have jet lag, but few people know what to do about it. If you don't want jet lag, drink a lot of water and move around the plane every hour. You can find books that give you some advice.

Be careful of jet lag and enjoy your trip.

[注] cross：横断する　time zone：時間帯
adjust：調整する　factor：要因
direction：方角　date line：日付変更線

🔊 114

(1) 本文の内容から判断して，(a)〜(c)の（　）内にあてはまるものを下の**ア〜ケ**から1つずつ選び，その記号を書きなさい。 (15点×3)

(a) You are in Japan now. It is eleven o'clock in the morning. If you travel four time zones west, you have to adjust your watch to (　　).

(b) You are in Japan now. It is eleven o'clock in the morning. If you cross (　　) time zones east, you have to adjust your watch to two o'clock in the afternoon.

(c) You are in Japan now. Today is February 21. If you travel east and cross the date line, the day becomes (　　).

ア three in the morning 　　**イ** three in the afternoon

ウ seven in the morning 　　**エ** seven in the afternoon

オ February 20 　　**カ** February 22

キ three 　　**ク** nine 　　**ケ** thirteen

(2) 本文中の | **❶** | に入れるのに最も適するものを1つ選びなさい。 (15点)

ア flight plan 　　**イ** new time 　　**ウ** time zone 　　**エ** inside clock

(3) 本文中の | **❷** | に入れるのに最も適切な文を1つ選びなさい。 (20点)

ア Each time zone has a different name and a different number.

イ You must cross many time zones to enjoy your trip.

ウ Crossing more time zones gives you more jet lag.

エ You can cross many time zones without having jet lag.

(4) 本文の内容と合うものを1つ選びなさい。 (20点)

ア Jet lag always happens when you travel to another country.

イ You usually have more jet lag on a flight from west to east than a flight from east to west.

ウ There are a lot of people who know what to do when they have jet lag.

エ It is better for you to read books and forget about jet lag if you want to enjoy a long flight.

総合テスト ①

解答は別冊 P.34

◇◇次の英文を読んで，あとの設問に答えなさい。

Last month I read an interesting letter in a magazine. ①It was written by an American student. In the letter he said, "②I had a very good time in your country. This was my first visit to Japan and I stayed for three weeks. I enjoyed ③a lot of things in Japan, but I liked the people the best of all. They were very nice and always helped me. One day, when I went out after dinner, I got lost. It was already dark. I didn't know (④) to go back to my hotel. I asked a young man the way to the hotel. He was going home, but he was so kind that he went to the hotel with me. I was very glad. I think Japanese people are very kind. I hope I can visit this nice country again."

A few days ago I read another interesting letter in the same magazine. It was written by a Japanese-American who couldn't speak Japanese. She came to see the country of her grandparents. In the letter she said, "I don't want to visit Japan again. This was my first visit and I had to ask the way very often. Some of the people I asked didn't help me at all. They said, 'Why can't you speak Japanese?' I felt sad when I heard this. Many people say that Japanese people are very kind to foreigners. But they are only kind to foreigners who don't look like themselves."

When I read these letters, I thought, "Are Japanese people kind or not kind to foreigners?" ⑤This question is too hard for me to answer. But there is one thing I can say. We must be kind to (⑥) foreigners.

[注]　a Japanese-American：日系アメリカ人　　grandparents：祖父母

felt：feel の過去形　　foreigner：外国人

look like themselves：自分たちと同じように見える

🔊 116

(1) 下線部❶を次のように書きかえるとき，＿＿に適する語を書きなさい。　　　　　(10点)

An American student ＿＿＿＿＿＿＿＿＿ it.

(2) 下線部❷を次のように書きかえるとき，（　）に適する語を1つ選びなさい。　　　(10点)

I （　　　）my trip in your country very much.

　　ア　enjoyed　　　　イ　made　　　　　ウ　took　　　　エ　visited

(3) 下線部❸を1語に置きかえるとき，適するものを1つ選びなさい。　　　　　　　(10点)

　　ア　few　　　　　　イ　many　　　　　ウ　good　　　　エ　great

(4) ❹の（　）に適するものを1つ選びなさい。　　　　　　　　　　　　　　　　　(10点)

　　ア　what　　　　　　イ　how　　　　　　ウ　where　　　　エ　which

(5) 下線部❺を日本文になおしなさい。　　　　　　　　　　　　　　　　　　　　　(10点)

　　（　　　　　　　　　　　　　　　　　　　　　　　　　　　　　　　　　　　）

(6) ❻の（　）に適するものを1つ選びなさい。　　　　　　　　　　　　　　　　　(10点)

　　ア　every　　　　　イ　no　　　　　　　ウ　all　　　　　エ　some

(7) 次の質問に答えるとき，答えの（　）に適するものを1つ選びなさい。　　　　(10点)

When did the American student get lost?

―― He got lost （　　　）.

　　ア　in the morning　イ　about noon　ウ　in the afternoon　エ　in the evening

(8) 本文の内容と合っているものを2つ選びなさい。　　　　　　　　　　(10点×2)

　　ア　The American student often visited Japan.

　　イ　Japanese people were very kind to the American student and helped
　　　　him.

　　ウ　One day, the American student got lost and didn't go back to the hotel.

　　エ　Both letters were written by the same American.

　　オ　The Japanese-American couldn't ask the way in Japanese.

(9) 本文の筆者が，2つの投書を読んで，最も強く感じたことは何か，1つ選びなさい。(10点)

　　ア　日本人は外国人にたいへん親切である。

　　イ　日本人は外国人に親切ではない。

　　ウ　外国人には，わけへだてなく親切にしてあげなければならない。

　　エ　外国人に親切にすることは難しい。

総合テスト ❷

解答は別冊 P.34・35

◇◇次の英文を読んで，あとの設問に答えなさい。

Kenji is talking with Liz, a new student from Canada.

Kenji : Look! I have a map of your country, Canada. 　❶

Liz : 　That's right. Did you know Canada is the second largest country in the world? That means Canada is larger than the United States.

Kenji : Wow, I didn't know that. ❷ How ＿＿＿＿＿ in Canada?

Liz : 　About 37 million or more people. Most of them live in the big cities near the United States. You know, we have very long and cold winters in our country, so it's hard to live in the north.

Kenji : I see a lot of things that look like lakes all over the country on the map. Are they all lakes?

Liz : 　Yes, they are. There are quite a lot of lakes in Canada. Try to guess how many lakes there are!

Kenji : Let's see ... about one thousand ... or two thousand?

Liz : 　No! Don't be surprised when you hear this. We have about three million lakes!

Kenji : Three million! I can't believe that.

Liz : 　Some are big and others are small, of course. In the north, there are many lakes people have not visited yet. You can call Canada 　❸ .

Kenji : I learned at school that both English and French are spoken in your country. Do you speak French, too?

Liz : 　Yes. I speak French at home and English at school. English is my second language.

Kenji : How interesting! ❹ I hope ＿＿＿＿＿ someday.

Liz : 　I'm sure you'll like Canada.

[注] 　million：100万（の）　　north：北　　French：フランス語　　🔊 118

118

(1) 　**❶** に最も適する文を1つ選びなさい。 　　　　　　　　　　　　　　(5点)

ア　The United States is a very large country, isn't it?

イ　Canada is almost as large as the United States.

ウ　Canada is a very large country.

エ　Canada is the largest country in the world.

(2) 　前後の内容から考えて，下線部**❷**・**❹**の □ に適する語句を補って文を完成しなさい。 　　　　　　　　　　　　　　　　　　　　　　　　　　　　(10点×2)

❷ 　How _____ in Canada?

❹ 　I hope _____ someday.

(3) 　**❸** に最も適する語句を1つ選びなさい。 　　　　　　　　　　　(5点)

ア　'Mountain Country' 　　イ　'Snow Country'

ウ　'Sea Country' 　　　　　エ　'Lake Country'

(4) 　本文の内容と合うように，次の質問に英語で答えるとき，____ に適する語句を補いなさい。数字は英語のつづりで答えること。 　　　　　　　　(10点×3)

(a) 　Where do most Canadian people live?

They live _____.

(b) 　How many lakes are there in Canada?

There are _____.

(c) 　Which does Liz speak at school, English or French?

She _____.

(5) 　本文の内容と合うものには○を，合わないものには×を書きなさい。 　(10点×4)

ア〔　　〕健治が今持っている地図は世界地図である。

イ〔　　〕カナダの冬は寒いが，それほど長くない。

ウ〔　　〕健治は学校でカナダで話される言語について学んだ。

エ〔　　〕リズの第一言語はフランス語である。

◇◇次の英文を読んで，あとの設問に答えなさい。

次の文章は日本で暮らしているアメリカ人が書いたものです。

A smile is a very important thing in life.　We all need a smile and we all want a smile.　We should also give a smile but sometimes it is very difficult to give **❶**one.　When you are tired, when you are angry or when you are sad, it is difficult to smile.

Japanese smile very often when they don't know what （　ⓐ　） answer.　When 　**❷**　 and they cannot answer, they smile.　Sometimes I go to the department store and ask the clerk something （　ⓑ　） English.　The clerk smiles and smiles, but does not answer.

Sometimes Americans smile when Japanese don't smile.　For example, in Japanese restaurants, waiters and waitresses don't smile.　Japanese waiters and waitresses bow and bow deeply.　But in America, waiters and waitresses smile.　They smile and they say, "May I help you?"　Then they smile again.

Americans smile at strangers.　This smiling shows that they are friendly. Usually, Japanese don't smile at strangers.　When I was sitting in a hotel lobby with a Japanese friend and was waiting for another friend, a small group （　ⓒ　） Americans came into the lobby and smiled at us.　I smiled too but my Japanese friend did not.　He said, "Do you know those Americans?" I said to him, "　**❸**　" My friend said, "It's very strange!　Then why did you smile at them?"　I answered, "Because smiling in America is part of good manners."　　[注] bow：おじぎをする　　stranger：知らない人　　lobby：ロビー

part of ～：～の一部　　manner：マナー，作法，行儀

(1) ⓐ～ⓒの（　）にあてはまる語を下から1つずつ選びなさい。　　　（10点×3）

ⓐ〔　　〕　　ⓑ〔　　〕　　ⓒ〔　　〕

ア　for　　　　　　　　イ　from　　　　　　　ウ　in

エ　of　　　　　　　　オ　to　　　　　　　　カ　with

(2) 下線部❶の one はどんな語の代わりに使われているか，2語で書きなさい。　　　（10点）

―――――――――――――――

(3) 　❷　が「私が私の生徒たちに質問をする」という意味になるように，6語の英語を書きなさい。　　　　　　　　　　　　　　　　　　　　　　　　　　　　　　（20点）

―――――――――――――――――――――――――――

(4) 　❸　にあてはまる文を1つ選びなさい。　　　（10点）

ア　Yes, I know them very well.

イ　They are all my friends.

ウ　Yes, I have wanted to see them.

エ　I've never seen them before.

(5) 本文の内容と合っているものを2つ選びなさい。　　　（15点×2）

ア　Smiling is hard when we are not happy.

イ　Japanese smile very often at men and women they don't know.

ウ　When I go to the department store, the clerk there helps me with a smile.

エ　Japanese always smile when Americans don't smile.

オ　In Japan, waiters and waitresses bow deeply without smiling. And after they have said, "May I help you?" they smile.

カ　Americans smile only at friendly people.

キ　Americans smile at people they have first met to show that they are friendly to them.

ク　Americans don't think it is good manners to smile at people they don't know.

◇◇次の英文を読んで，あとの設問に答えなさい。

Have you ever heard the name Charles Chaplin? Some of you may know him as a comedian. What was his life like in his very early days?

It was near the end of the 19th century. A boy called Charlie lived (　❶　) England. When he was five years old, he was taken to the theater by his mother. She danced and sang on the stage every day.

One night, she finished dancing and began to sing. She had a good voice, (　Ⓐ　) it was not very strong. "Sing louder!" shouted the audience. She tried hard, but she (a)couldn't. They began to laugh at her. She stopped singing and started to cry.

Her son sat near the stage. He wanted to help his mother, but he didn't know (b)how. Suddenly (Ⓑ)a good idea came to him. He ran up to her on the stage and shouted, "I'll sing for her!"

The audience looked (　❷　) the small child in front of them and laughed. But one of them said, "(　❸　) quiet. Let's listen to him."

The boy sang a song and danced around on the stage. The audience loved it. (Ⓒ)They threw money on the stage. When the boy saw it, he stopped singing and said, "First I'll get the money, then I'll sing again." They laughed and more money came down on the stage.

That night, the little boy and his mother went home with a (　❹　) of money. His mother never stood on the stage again. But in (　Ⓓ　) years, Charlie became a great star.

[注]　comedian：喜劇役者

　　Charlie：チャーリー(男子の名：ここでは Charles Chaplin のこと)　　dance：踊る

　　stage：舞台　　loud：大声で　　audience：観客

122

(1) ❶〜❹に適する語を１語ずつ書きなさい。　　　　　　　　　　　　　（5点×4）

❶ ＿＿＿＿＿＿＿　❷ ＿＿＿＿＿＿＿　❸ ＿＿＿＿＿＿＿　❹ ＿＿＿＿＿＿＿

(2) Ⓐ・Ⓓに適する語を〔　　〕から１つずつ選んで書きなさい。　　　　（5点×2）

Ⓐ ＿＿＿＿＿＿＿　　　　　Ⓓ ＿＿＿＿＿＿＿

〔　because　　but　　earlier　　later　〕

(3) 下線部ⓐ・ⓑのあとに省略されている語句を１つずつ選びなさい。　　（5点×2）

ⓐ　ア　dance well　　　　　　イ　sing louder

　　ウ　stop singing　　　　　エ　start to cry

ⓑ　ア　to have a good voice　　イ　to dance on the stage

　　ウ　to help her　　　　　　エ　to get money

(4) 下線部Ⓑの a good idea の内容を日本語で説明しなさい。　　　　　　（10点）

（　　　　　　　　　　　　　　　　　　　　　　　　　　　　　　　　）

(5) 下線部Ⓒの理由は何か，次から１つ選びなさい。　　　　　　　　　　（10点）

ア　母親がかわいそうだったから。

イ　少年と母親がいっしょに演技したから。

ウ　少年のお金をひろう姿がおかしかったから。

エ　少年が歌うのをやめたから。

オ　少年の歌や踊りが気に入ったから。

(6) 次の文章が，本文の要約となるように，①〜⑤に適する語を書きなさい。　（6点×5）

When Charlie was five years old, his mother ①＿＿＿＿＿＿ him to the
theater. She sang and danced on the stage. One night her voice was not very
②＿＿＿＿＿＿. So the audience ③＿＿＿＿＿＿ her to sing louder. She
tried, but she couldn't. Charlie tried to help her. He sang and danced on the
stage and got much ④＿＿＿＿＿＿. His mother ⑤＿＿＿＿＿＿ the stage,
but he became a great star.

(7) 本文に表題をつけるとしたらどれか，１つ選びなさい。　　　　　　　（10点）

ア　Dance Well and Sing Louder, Mother!

イ　The Audience and the Small Child

ウ　Charlie's First Time on the Stage

エ　How to Become a Great Star

126

「中学基礎100」アプリ テスト前5科4択 で,
スキマ時間にもテスト対策!

問題集　アプリ

日常学習
テスト1週間前
『中学基礎がため100%』
シリーズに取り組む!

定期テスト直前!
テスト必出問題を
「4択問題アプリ」で
チェック!

アプリの特長

『中学基礎がため100%』の
5教科各単元に
それぞれ対応したコンテンツ!
＊ご購入の問題集に対応した
コンテンツのみ使用できます。

テストに出る重要問題を
4択問題でサクサク復習!

間違えた問題は「解きなおし」で,
何度でもチャレンジ。
テストまでに100点にしよう!

＊アプリのダウンロード方法は,本書のカバーそで(表紙を開いたところ),または1ページ目をご参照ください。

中学基礎がため100%

できた! 中3英語
単語・読解

2021年2月　第1版第1刷発行
2024年5月　第1版第3刷発行

発行人／志村直人
発行所／株式会社くもん出版
　　　　〒141-8488
　　　　東京都品川区東五反田2-10-2　東五反田スクエア11F
　　　　☎ 代表　　　03(6836)0301
　　　　　編集直通　03(6836)0317
　　　　　営業直通　03(6836)0305

印刷・製本／図書印刷株式会社

デザイン／佐藤亜沙美(サトウサンカイ)
カバーイラスト／いつか
本文イラスト／くぬぎ太郎・とよしまやすこ・渡邊ゆか
本文デザイン／岸野祐美・永見千春・池本円(京田クリエーション)・TENPLAN
編集協力／岩谷修
音声制作／ブレーンズギア
ナレーター／Bianca Allen・Cyrus Sethna・Jeff Manning・
　　　　　　Julia Yermakov・Rumiko Varnes

©2021　KUMON PUBLISHING Co.,Ltd. Printed in Japan
ISBN 978-4-7743-3114-0

落丁・乱丁本はおとりかえいたします。
本書を無断で複写・複製・転載・翻訳することは,法律で認められた場合を除き,禁じられています。
購入者以外の第三者による本書のいかなる電子複製も一切認められていませんのでご注意ください。　　　　　　　　　　　　CD57511
くもん出版ホームページ　　https://www.kumonshuppan.com/

＊本書は「くもんの中学基礎がため100%　中3英語　単語・読解編」を
　改題し,新しい内容を加えて編集しました。

公文式教室では、
随時入会を受けつけています。

KUMONは、一人ひとりの力に合わせた教材で、
日本を含めた世界60を超える国と地域に「学び」を届けています。
自学自習の学習法で「自分でできた!」の自信を育みます。

公文式独自の教材と、経験豊かな指導者の適切な指導で、
お子さまの学力・能力をさらに伸ばします。

お近くの教室や公文式
についてのお問い合わせは

ミン ナ ニ ヒャクテン
0120-372-100

受付時間 9:30〜17:30　月〜金（祝日除く）

教室に通えない場合、通信で学習することができます。

公文式通信学習　[検索]

通信学習についての
詳細は
0120-393-373

受付時間 10:00 〜17:00　月〜金(水・祝日除く)

お近くの教室を検索できます　→　くもんいくもん　[検索]

公文式教室の先生になることに
ついてのお問い合わせは

0120-834-414
くもんの先生　[検索]

 公文教育研究会

公文教育研究会ホームページアドレス
https://www.kumon.ne.jp/

本書に出てくる 熟語一覧

a few ～	2, 3の～	be tired of ～	～にあきる
a kind of ～	一種の, ～の一種	between ～ and ...	～と…の間に〔の〕
a lot of ～	たくさんの～	by bus	バスで
a piece of ～	1枚の (紙など)	by oneself	ひとりで
after school	放課後	by the way	ところで
all day	一日中	call ～ to ...	～を…に呼ぶ
all night	一晩中	come back (to ～)	(～に)もどる
all over ～	～じゅう (すべて)	come from ～	～の出身である,
all the time	いつも, 常に		～に由来する
all through the year	一年中	come home	帰宅する
any time	いつでも	come out	出てくる, (花が)咲く
around the world	世界中で	come to ～	(値段などが)～になる
as soon as ～	～するとすぐに	come true	実現する
ask ... to ～	…に～するように頼む	come up (to ～)	(～に)近づく
at first	最初は	don't have to ～	～する必要はない
at home	家で, 在宅して	far away	遠く離れて
at last	ついに, とうとう	far from ～	～からほど遠い
at night	夜に (は)	few ～	(数が)ほとんど～ない
at once	すぐに	find out ～	～を見つけ出す
at school	学校で	for a long time	長い間
at that time	そのとき, そのころ	for a while	しばらくの間
at the end of ～	～の終わりに	for example	たとえば
at the same time	同時に	for oneself	独力で
be able to ～	～することができる	for the first time	初めて
be absent from ～	～を欠席する	from ～ to ...	～から…まで
be afraid (that) ～	～だと心配する	get along well	うまくやっていく
be afraid of ～	～をこわがる	get lost	(道に)迷う
be different from ～	～と違う	get off (～)	(～から)降りる
be famous for ～	～で有名である	get on (～)	(～に)乗る
be fond of ～	～が好きである	get to ～	～に着く
be full of ～	～でいっぱいである	get up	起きる
be going to ～	～するつもりだ	give back ～	～をもどす〔返す〕
be good at ～	～が得意である	give up ～	～をあきらめる
be happy[glad] to ～	～してうれしい	go ～ing	～しに行く
be in trouble	困っている	go away	立ち去る
be interested in ～	～に興味がある	go back (to ～)	(～へ)もどる, 帰る
be known as ～	～として知られている	go fishing	つりに行く
be late for ～	～に遅れる	go home	家〔故郷〕に帰る
be made of ～	～でできている	go on a picnic	ピクニックに出かける
be pleased with ～	～が気に入っている	go out	外出する
be quick at ～ing	～するのがすばやい	go to bed	寝る
be sure (that) ～	～であることを確信している	had better ～	～したほうがいい
be surprised	驚く	have a good[nice] time	楽しい時を過ごす
be surprised at[to] ～	～に〔～して〕驚く	have been to ～	～へ行ったことがある

中学基礎がため100%

できた！中3英語

単語・読解

別 冊
解答と解説

➡のあとの数字は，「中3英語・文法」のまとめのページの チェック の番号に対応しています。

KUM◯N

1答 (1) 教える　(2) 話す　(3) 仕事
(4) 建物，ビル(ディング)　(5) 親
(6) 助言，忠告　(7) 遅い，遅く
(8) 本当に　(9) understand
(10) dream　(11) address
(12) student　(13) slowly　(14) feel
(15) tonight　(16) fly　(17) remember
(18) coffee

考え方 (5) 複数形の parents で「両親」の意味。

2答 (1) sea　(2) thought　(3) life
(4) dead　(5) better　(6) French

3答 (1) You will have to go to the party tomorrow.
(2) My sister went to Italy to study music.

考え方 (1) have[has] to の未来形は will have to で表す。
(2) 目的を表す副詞的用法の不定詞。

4答 (1) families
(2) 彼らは2, 3か月前に日本から(アメリカ)合衆国へやって来ました。
(3) in　(4) イ　(5) ウ
(6) took　(7) heard

考え方 (1) 〈子音字(l)＋y〉で終わっているので，y を i にかえて，es をつける。
(3) be interested in ～で「～に興味がある」。
(4) 形容詞的用法の不定詞。
(5) popular は more, most で比較級・最上級を作る。

◆全訳◆

太郎は合衆国の中学校に通っています。彼はニューヨーク市の近くの小さな町で，家族と住んでいます。彼らは2, 3か月前に日本から合衆国へやって来ました。お父さんはニューヨーク市にある日本の会社に勤めています。

日本にいたとき，太郎はテレビでフットボールの試合を見ました。とてもわくわくしました。彼は今フットボールに興味があります。

この前の水曜日，カフェテリアで太郎はいちばんの友だちのボブに話しかけました。

「ボブ，ちょっと質問したいことがあるんだ。ここでは，野球とフットボールではどちらが人気があるんだい？」

「フットボールだよ。見ててとてもおもしろいよ。太郎，きみは今までフットボールの試合を見たことあるの？」とボブが言いました。

「テレビでだけなんだ」

「じゃあ，来週ぼくのお父さんがきみをフットボールの試合に連れて行ってくれるよ。彼はフットボールが大好きなんだ」とボブは言いました。

それを聞いて太郎はとてもうれしくなりました。

1答 (1) 野菜　(2) ～なしで
(3) お金　(4) 海　(5) 辞書
(6) 去る，残す　(7) 乗客，旅客
(8) 道路　(9) enjoy　(10) food
(11) send　(12) arrive[reach]
(13) find　(14) animal　(15) open
(16) tomorrow　(17) room　(18) visit

2答 (1) easily　(2) sell
(3) daughter　(4) sat　(5) p.m.
(6) late

3答 (1) I was not looking at your picture then.
(2) There was little snow on the ground a few days ago.

考え方 (1) 過去進行形の文。then などの副詞は，特に強調する以外は文末に置く。
(2) (a) little は数えられない名詞に，
(a) few は数えられる名詞に使う。a がないと「ほとんど～ない」の意味になる。

4答 (1) old　(2) think
(3) もしそんなことをするのをやめないと，友だちはみんな去ってしまいますよ。
(4) ア × イ × ウ ○ エ ×

考え方 (3) stop ～ing で「～するのをやめる」。
(4) ウ 第2段落の最後の4行の内容。

◆全訳◆

昔，山に若いオウムがいました。彼は動物の声をまねるのが大好きでした。

ある日，彼はライオンの声をまねました。彼の周囲にいた何匹かの動物は，これを聞いてとても

驚いて逃げてしまいました。「ああ, うまくいった。ほかの動物を驚かすのは最高だ!」と, その若いオウムは思いました。彼の声はますます大きくなっていきました。それで, 山の動物たちはみんなその声からいっしょに逃げました。ちょうどそのとき, 若いオウムはライオンの声を聞きました。大きいライオンが彼のほうに向かって来ているのだと彼は思いました。「ああ! ライオンがおれをつかまえに来る。助けて! 助けて!」。でも, 彼を助けてくれるような友だちはいませんでした。彼はひとりぼっちでした。それでそのオウムは山から飛んで逃げました。

あとになって, 若いオウムはその話を年寄りのオウムに話しました。年寄りのオウムはほほえんで言いました。「おまえは自分自身の声のこだまを聞いただけだよ。いいかい, ほかの動物たちを驚かしてはいけないよ。そんなことをするのをやめないと, 友だちはみんないなくなっちゃうよ」と。

グレード1・2 の復習テスト(3)　P.8・9

1 答　(1) 教育　　(2) 安全な
(3) ふれる, さわる　(4) 選ぶ
(5) 衣服　(6) まちがった　(7) 信じる
(8) 十分な　(9) chance　(10) world
(11) part　(12) health　(13) garden
(14) money　(15) invite　(16) pond
(17) problem　(18) daughter

2 答　(1) know　(2) earlier
(3) broke　(4) far　(5) woman
(6) hour

考え方💡　(2) early の比較級は earlier。
(6) 60秒は1分で, 60分は1時間。

3 答　(1) She didn't look happy this morning.
(2) I was surprised to hear that.

考え方💡　(1) 形容詞(happy)は look のあとに。
(2) この文の to 〜は「〜して」の意味で, 原因や理由を表す副詞的用法。

4 答　(a) ア　　(b) ウ
(c) They will[They'll] talk about their school life in Japan.
(d) (ブルーレーク高校に)電話をかけて, 問い合わせる。

考え方💡　(a) 「何人の日本の生徒たちがブルーレーク高校の生徒たちの家族のところに滞在していますか」が質問の意味。英文2行目参照。
(b) 「真由美はその町についてどう感じていますか」が質問の意味。第2段落の後半部分参照。
(c) 「日本人生徒はブルーレーク高校での特別授業で何をするつもりですか」が質問の意味。第3段落の第2文参照。
(d) 最後の文参照。

・全訳・

みなさん, こんにちは。今日は, 日本から来ている高校生についてお話ししましょう。1人の先生と13人の生徒たちが私たちの町を訪れています。彼らがアメリカに来るのは今回が初めてです。生徒たちは, ブルーレーク高校の何人かの生徒たちの家族のところに滞在しています。ブルーレークでは, 午前中は英語を勉強します。午後は, スポーツをしたり, 町の人たちと日本の文化について話したりしています。

さて, その日本の生徒たちの1人, 真由美さんについて話しましょう。彼女は, サリー・ベイカーと彼女の両親のもとに滞在しています。私たちは昨日, 私たちの町の生活についてたずねるために彼女を訪ねました。「ここに来たとき, 私の生活は楽なものではありませんでした。でも, 今はすばらしいものです! この町のすべてのものに私はとても興奮しています! ここの人たちはみな私にとてもよくしてくれます。私を見かけると, いつもほほえんで『やあ!』とか『こんにちは!』と言ってくれます。そんなときは私もほほえみ返して『こんにちは!』と言います。私はこの町が大好きなのです」と彼女は話しました。

明日, ブルーレーク高校で特別授業があります。日本の高校生たちがその授業に参加して, 日本での彼らの学校生活について話す予定です。その授業に参加したければ, ブルーレーク高校に電話して問い合わせてください。

① 対話文①

①-1 今度の日曜日　　P.10・11

STEP1-3 の解説 ......

① **have to ～**：主語が3人称・単数のときは has to ～となる。

② **worry**：Don't worry. で「心配しないで」の意味でよく使われる。

④ **before**：接続詞として使うと，「～する前に」の意味になる。

⑩ **I hope ～**：hope のあとに接続詞の that が省略されている。「～であることを望む」→「～だといいな」ということ。

⑭ **I'd love to.**：I'd は I would の短縮形。応答文では前の文を受けて to のあとの動詞が省略されている。would like to ～とほぼ同じ意味で，want to ～の控え目な表現になる。

⑮ **See you then.**：「そのときにまたお会いしましょう」ということ。then の代わりに on Sunday など具体的な曜日や日にちなどがきてもよい。

・その他・

● **true** [trúː]：「本当の」という意味の形容詞。

● **I have never seen a baseball game in Japan.**：現在完了の経験を表す用法。経験の否定文にはよく never を使う。

● **walk**：あとに目的語がくると「～を散歩させる」の意味になる。

● **No problem.**：「問題なし」→「だいじょうぶ」ということ。

● **I'll come to ～**：こちらから相手のほうに「行く」場合は，go ではなく come を使う。

▶▶▶ P.11の解答

答 (1) **to do**

(2) しかし私は午前中，犬の世話をしなければいけません。

(3) その（野球の）試合は（午後の）2時に始まるから。

(4) (a) (They will have lunch[it]) In[At] a restaurant near the stadium.

(b) (She will go there) About one o'clock.

考え方 (1) 「今度の日曜日の午後の予定は何かありますか」→「今度の日曜日の午後に何

かすべきことはありますか」

(3) 試合が始まる時刻に言及する。

(4) (a) 下から3行目に注目する。

(b) 下から2行目に注目する。

・全訳・

美紀：こんにちは，マック。あなたは野球が大好きって聞いてるわ。本当なの？

マック：本当だよ。でも，日本で野球の試合を見たことがないんだ。

美紀：今度の日曜日の午後には何か予定ある？

マック：ということは…。

美紀：そう！ 野球の試合のチケットが2枚あるの。いっしょに来られるといいのだけど。

マック：ぜひ行きたいな。でも午前中は犬の世話をしなければいけないんだ。公園に散歩に連れて行くんだ。

美紀：心配無用よ。その試合は2時に始まるの。

マック：それは完ぺきだ。

美紀：そうね！ 試合の前にいっしょにお昼を食べましょうか。

マック：いいよそれで。球場の近くのレストランで昼食をとろうよ。

美紀：それじゃ1時ごろにあなたの家に行くわね。それでいい？

マック：いいよ。ありがとう。じゃあまたね。

①-2 電話で　　P.12・13

STEP1-3 の解説 ......

② **This is ～ .**：電話で「そちらは～さんですか」とたずねるときにも this を使い，Is this ～? とする。

⑤ **news**：発音に注意。「ニュース」ではない。

⑩ **on the phone**：前置詞に on を使うことと，the をつけることに注意する。

⑬ **stay with ～**：～に家など場所がくるときは at を，地名がくるときは in を使う。

⑮ **look forward to ～**：to は不定詞を作るためのものではなく，前置詞なので，～に動詞がくる場合は動名詞にして使う。なお，この表現は進行形にして使うことが多い。

・その他・

● **hello**：電話で使うと「もしもし」の意味。

● **Speaking.**：電話をかけてきた相手に，電話に

出たのが本人であることを伝える表現。
● **Thank you for ～ing.**：「～してくれてありがとう」の意味。

》》》 P.13の解答

答 (1) エ
(2) ❷ left　❸ going　❹ saying
(3) イ

> 考え方🔍 (1) 電話で「～さんをお願いします」と言うときは，May[Can] I speak to ～? とする。
> (2) ❷ 過去形にする。
> ❸ be going to ～の文に。
> ❹ 前置詞 for のあとなので，～ing 形の動名詞にする。
> (3) イ 「エマは 8 月に横浜を訪れて，絵美の家族のところに泊まるつもりです」 最後の 6 行に注目する。

・ 全訳 ・

エマはアメリカの高校生です。彼女は電話で絵美と話しています。絵美は横浜の高校生で，昨年 10 か月間エマの学校で勉強しました。

エマ：もしもし。こちらはエマです。絵美さんをお願いします。

絵美：私よ。私が絵美よ。この前の 10 月にニューヨークを離れてからずっと話してないわね。どうしたの？

エマ：あなたに伝えたいいい知らせがあるの。友だちの何人かと私は横浜を訪れる予定なの。

絵美：まあ，本当に？　いつ？

エマ：8 月よ。いくつかの学校を訪問して，それぞれの国の文化について生徒と話し合うの。学校を訪れる前に少しひまな時間があるの。あなたを訪ねてもいい？

絵美：もちろんよ。もしできるなら私たちのところに泊まって。

エマ：そう言ってくれてありがとう。2 日間あなたのところに泊まれると思うわ。またあなたに会うのを楽しみにしているわ。

❶-3　きれいな公園　P.14・15

STEP1-3 の解説

❶ **get up**：get の過去形が got。
❷ **early**：時間的に「早い」の意味で，スピードが

「速い」には fast を使う。early, fast ともに副詞にも形容詞にも使うことができる。

❸ **after**：本文では前置詞としての用法だが，接続詞としても使うことができる。

❿ **have a good time**：good の代わりに nice や wonderful が使われることもある。

⓬ **You are right.**：right は「正しい」の意味の形容詞。

・ その他 ・

● **What did you do yesterday?**：did は疑問文を作るためのものだが，あとの do は一般動詞で「する」の意味。

● **by bus**：by は交通手段を表すもの。あとに続く乗り物には a も the もつけない。

● **the park was not so clean**：この文の so は「そんなに，それほど」の意味の副詞。

● **the places people visit**：people visit という文がうしろから places を修飾している。「人々が訪れる→場所」となる。

》》》 P.15の解答

答 (1) ❶ (How) did you go to the park (?)
❷ (I expect) you had a good time (.)
(2) ❸ ク　❹ キ　❺ オ　❻ コ　❼ ウ

> 考え方🔍 (1) ❶ How のあとに，一般動詞過去の疑問文の語順を続ける。
> ❷ had a good time がひとまとまり。had は have[has]の過去形。
> (2) ❸ some ～ others ... の構文。
> ❹ 公園がきれいでなかったので「悲しい」と考える。
> ❺ 否定文の「～も」は either。
> ❻ I think so. で「そう〔そのように〕考えます」の意味。英文12行目の Oh, is that so? も同じように考える。
> ❼ 「～するために」の意味の目的を表す副詞的用法の不定詞にする。

・ 全訳 ・

メアリー：こんにちは，太郎。昨日は何をしたの？

太郎：朝早く起きて，1 時間英語を勉強して，そのあと家族と公園にピクニックに出かけたんだ。

メアリー：公園にはどうやって行ったの？

太郎：ええと，バスで行ったんだ。

メアリー：昨日はいい天気だったから，きっと楽

しかったでしょうね。

太郎：そう。昼食後に，妹とバドミントンをしたんだ。お父さんとお母さんは木の下にすわって，ぼくたちを見ていたんだ。公園にはほかの人もいっぱいいたんだ。お昼を食べている人もいれば，スポーツを楽しんでいる人もいたよ。でも，公園がそれほどきれいでなかったので，とても悲しかったんだ。公園中がごみくずでいっぱいだった。

メアリー：あら，そうなの？　アメリカの公園にもきれいでないのがあるわ。

太郎：本当？　みんなが訪れる場所は大事にしないといけないね。

メアリー：私もそう思うわ。

太郎：公園をきれいにするためにはぼくたち一人一人が何かをすべきなんだね。

メアリー：その通りだわ。

①-4　犬の訓練　　　　　　　　　P.16・17

STEP1-3 の解説 ･･････････････････････

② **fall**：葉が落ちることから，名詞で「秋」の意味にも使う。

⑦ **train**：「列車，電車」の train とつづりも発音も同じ。

⑧ **What's the matter with ～?**：with ～が省略されることもある。

⑪ **clothes**：cloth だけだと[klɔ́ːθ]の発音で，意味も「布」になるので注意。

・その他・

● **one day**：ふつう過去の「ある日」に使われるが，未来の「ある日，いつか」の意味にも使われる。

● **bark at, jump at, shout at**：at はいずれも「～に向かって」の意味で，方向や目標を表す。

● **try** [trái]：「試す，やってみる」の意味。

● **Didn't you try my idea? —— Yes, I did.**：否定疑問文の答えは，答える内容が肯定なら Yes，答える内容が否定なら No を使う。日本語の「はい」「いいえ」とは一致しない。「私のアイディアを試さなかったのですか」——「いいえ，試しましたよ」となる。

● **found**：find（見つける）の過去（分詞）形。

▶▶▶ P.17の解答

答 (1) イ　　(2) **get**　　(3) イ

(4) でも彼は，お母さんが洗濯ロープにかけた洗っ

た衣服に向かっていつも跳びはねるんです。(5)　ア

考え方💡 (2)　get－got－got[gotten]と変化する。

(3)　but があることと，次の行で「彼女〔お母さん〕にほえるのですか」とあるので，「母はそうではない」となる。doesn't のあとに like him (very much) が省略されている。

(4)　washed は clothes を修飾する過去分詞。省略されている関係代名詞の先行詞が the washed clothes。

(5)　このあとの最後の行までの内容から，よくない状況を読み取る。

・全 訳・

ホワイト氏は犬の訓練が得意です。ある日トムがホワイト氏を訪れます。

トム：ひと月前に犬を手に入れました。ぼくはその犬が大好きなんですが，お母さんはそうではありません。

ホワイト氏：どうして？　きみの犬がどうかしたの？　彼女に向かってほえるの？

トム：いいえ。でもお母さんが洗濯ロープにかける洗った服にいつも跳びつくんです。それで洗濯物が落ちちゃうんです。お母さんが犬にどなるというわけです。

ホワイト氏：私に考えがあるよ。とても簡単。バスタオルを洗濯ロープにかけて待つんだ。きみの犬がバスタオルに跳びついたらしかるんだ。

トム：とてもいい考えですね。やってみます。

　2，3日後，トムは再びホワイト氏に会いにやって来ます。

ホワイト氏：うれしそうじゃないね。私の考えを試さなかったのかい？

トム：いいえ，試しました。とても厳しくしつけたんです。でも今日，また服が地面にあるのをお母さんが見つけたのです。バスタオルだけが洗濯ロープに残っていたんです。

①-5　職業　　　　　　　　　　P.18・19

STEP1-3 の解説 ･･････････････････････

① **late**：ここでは形容詞。get late で「遅くなる」の意味で，late は補語になっている。

⑪ **would like to ～**：英国では would の代わりに should も使う。

⑮ **sometime**：some time と２語でも使う。

・その他・

● **Not usually.**：I don't usually work on Sunday. のこと。

● **What do you do?**：直訳すると「あなたは何をしますか」となるが，ふつうこの表現は相手の職業をたずねる言い方になる。

▶▶▶ **P.19の解答**

答 (1) ❶ 私の上司が私に，明日の朝（会社に）来てくれと頼みました

❷ そこに着くにはどれくらい（の時間が）かかりますか。

(2) ❸ I have ❹ I would[should]

(3) (a) No, doesn't (b) Yes, is

考え方💡 (1) ❶ ask ... to ～で「…に～するように頼む」の意味。

(3) (a) 「緑さんは日曜日はたいてい働いていますか」。Not usually. とある。

(b) 「緑さんはジャーナリズムに興味がありますか」。❸，❹で始まる文の内容から考える。

・全 訳・

緑：では，帰りたくないけど，遅くなってきているし，明日仕事もあるし。

ナンシー：日曜日に働くの？

緑：いつもじゃないのよ。上司が明日の朝来てくれって頼んだのよ。月曜日に重要な会議があるんだって。

ナンシー：あら，帰らなければいけないなんて残念だわ。ところで，あなたのお仕事は何なの？

緑：成田空港近くの商事会社に勤めているのよ。

ナンシー：本当？ ここからはずいぶんあるわね。どうやって行くの？ タクシー？

緑：いいえ，バスに乗るわ。

ナンシー：着くまでどれくらいかかるの？

緑：ううんと，１時間くらいよ。ナンシー，あなたのお仕事は何なの？

ナンシー：記者よ。東京イブニングニュース社に勤めているの。

緑：あら，ほんと？ 私はずっとジャーナリズムを勉強したいと思ってたのよ。いつかそれについてあなたと話したいわね。

ナンシー：いいわよ。

---

① まとめのテスト① P.20・21

1 答 (1) 会議，集会 (2) 会社

(3) 落ちる (4) 考え，アイディア

(5) 衣服 (6) ～の下に［の，を，へ］

(7) 切符，チケット (8) 難しい

(9) together (10) important

(11) ground (12) again (13) clean

(14) shout (15) worry (16) visit

(17) free (18) plan

考え方💡 (9) アクセント togéther に注意。

(16) 「訪問」の意味の名詞にも使う。

2 答 (1) early (2) got (3) sunny

(4) hour (5) think (6) near

考え方💡 (1)・(6) 反対の意味を表す形容詞。

(3) 名詞形と形容詞形。sunny は n が重なることに注意。

(5) 動詞の過去形と原形。

3 答 (1) I had to take care of my sister yesterday.

(2) Did you have a good time in New York?

考え方💡 (1) 「～しなければならなかった」は have to ～の過去形を使う。「～の世話をする」は take care of ～。yesterday は文頭でもよい。

(2) have a good time（楽しい時を過ごす）の過去の疑問文になる。

4 答 (1) 〔例〕(a) (Can) you cook(?)

(b) 〔例〕(What) do you want to eat(?)

(2) ❶ ウ ❷ ア

(3) walk

考え方💡 (1) (a) 次の行の I can't cook well を参考にする。 (b) 次の行の I want to eat ramen. を参考にする。

(2) ❶ 次のヘンリーの発言 It's popular in America too. を参考にする。

❷ 15 ～ 16 行目を参考にする。

(3) 近くにあって，数分しかかからないことと，w で始まる語であることから，walk（歩いて行く）が適する。

・全 訳・

健：お母さんは家にいる？ 食べるものがほしいよ。

ヘンリー：お母さんなら数分前に肉と野菜を買いに出かけたよ。ぼくもおなかがすいた。きみは料理ができるの？

健：ああ，でもうまくできないよ。出かけて何か食べようよ。何が食べたい？

ヘンリー：ラーメンが食べたいな。きみはどう？

健：ぼくもだよ。5分したらここを出よう。ラーメンは日本でとても人気があるんだ。アメリカではどうなの？

ヘンリー：アメリカでも人気があるよ。ぼくの町には5軒ほどラーメン店があるよ。

健：日本にラーメン店がいくつぐらいあるか知ってる？

ヘンリー：わからないよ。教えて。

健：日本にはラーメン店が4万店くらいあるそうだよ。中には，20万店以上あると言う人もいるんだ。

ヘンリー：うわー！ そんなに多いの？ きみはどこかいいラーメン店を知っているの？

健：ああ。先月いい店を見つけたんだ。

ヘンリー：この近くなの？

健：そう。そこへは歩いて行けるよ。ほんの数分だよ。

ヘンリー：わかった。そこへ行こう！

❶ まとめのテスト②　P.22・23

答 (1) ⓐ イ　ⓑ エ

(2) ❶ ア　❷ ウ

(3) 〔例〕 I haven't seen a *kotatsu* before.

(4) How long

(5) one thing you should remember

(6) communication among family members

考え方 (1) ⓐ be interested in ～で「～に興味がある」　ⓑ that は床にすわることを指す。Usually で始まる文の内容と合わせて考える。
(2) ❶ 「本当ですか？」と言っている場面。❷ このあとの「こたつはもっと話すのにも役に立つ」からほぼ同じ内容を言っていると考えて，「私もそう思います」がよい。
(4) 期間の長さをたずねるには how long。「雄太の家族は正月にはこたつに

どれくらいの間いますか」「ほとんど1日中います」
(5) 関係代名詞が省かれている。you should remember が one thing を修飾する形にする。
(6) 英文19～21行目の内容をもとにする。

◆━━◆ **全訳** ◆━━◆

マイクと雄太は学校から家に向かって歩いています。

マイク：今日は寒いね。

雄太：そうだね。冬が来ましたね。今日の授業はどうでしたか。

マイク：だれかが授業中にこたつについて話しました。ぼくはそれに興味があります。

雄太：こたつですか？ 今日私の家で見られますよ。

マイク：本当ですか？ それはすごいや。わくわくしちゃう。

マイクと雄太は家に帰り着きます。

雄太：これがわが家のこたつですよ，マイク。

マイク：わあ。こたつはこれまで見たことがないですからね。使い方を教えてください。

雄太：簡単ですよ。スイッチを入れて，中に入るだけ。マイク，こっちに来て。

マイク：ああ，暖かいですね，それに床にすわるのはすてきですね。

雄太：それはきみには特別のことなんですか。

マイク：そうです。ふつうアメリカ人はそんなことはしません…。それで，こたつではどんなことをするのですか。

雄太：すわって話すだけ。それに，夕食後にはいつもここでお茶を飲みます。

マイク：ほかには？

雄太：そうですね，お正月にはこたつに入って一日中いっしょにテレビを見ます。また大いにおしゃべりもします。

マイク：なるほど。家族の人たちと話すのは大切ですからね。こたつでは家族の人たち同士の会話が簡単にできるのですね。

雄太：そう思います。こたつはもっと多く話すのに役立つのです。ああ，もう1ついいことがあります。ここで宿題をすると，私を手伝ってくれるだれかを必ず見つけることができます。

マイク：それはいいね。家族全員がお互いに助け合うことができるというわけですね。

雄太：そうですね。こたつについていいことを見つけてきました。でも，マイク，あなたが覚えておくべきことが1つあります。ここで眠るとかぜをひいてしまうということです。

2 対話文②

2-1 宇宙と人工衛星　　　　P.24・25

STEP1-3 の解説

① **college**：go to school と同じように，「大学に行く」は go to college。a は不要。

④ **same**：反対の意味を表すのは different。

⑤ **sometimes**：sometime（いつか）と混同しないように。

◆その他◆

● **I think so.**：so は「そのように，そう」の意味で，目的語のように使われている。

● **for example**：「たとえば」の意味。

● **should**：「〜すべきである」の意味の助動詞。

▶▶ P.25の解答

答 (1) children　　(2) for

(3) (It has) many things we can't understand(.)

(4) 人工衛星はとても速くニュースを送ってくれるので，私たちは家にいて外国からのニュースを聞いたり見たりすることができます

(5) He wants to study science (at college).

考え方 (2) It is ... to 〜.の構文。不定詞の意味上の主語は，for − を to 〜の前に。
(5) 英文1〜2行目参照。

◆全訳◆

秋夫：大学に行ったら何を勉強したいですか。

ジョン：ええと，科学を勉強したいと思っています。宇宙に興味があって，それについての本をたくさん読んできました。きみは何に興味がありますか。

秋夫：音楽です。でも，ぼくが子どものころ父が宇宙について話してくれたことがありました。彼は，ぼくたちが科学を勉強するのは大切なことだと言っていました。

ジョン：ぼくもそう思います。ぼくの理科の先生

も同じことを言ってました。ぼくはときどき空を見て宇宙について考えます。宇宙にはぼくたちが理解できないことがいっぱいあります。今，宇宙にはたくさんの人工衛星が飛んでいます。

秋夫：それは知っています。でも，そこでどんなことをしているのですか。

ジョン：ぼくたちをいろんな面で助けてくれています。たとえば，人工衛星がすばやくニュースを送信してくれるので，家にいて外国のニュースを見聞きできます。ぼくたちは人工衛星を世界平和のために使うべきだと思います。

2-2 タクシー　　　　P.26・27

STEP1-3 の解説

② **station**：police station で「警察署」，fire station で「消防署」の意味になる。

③ **a few 〜**：a few のあとには，数えられる名詞の複数形が続く。

⑩ **hit**：過去（分詞）形も同じ hit。

◆その他◆

● **go out**：「出かける，外出する」の意味。

● **Did you?**：直前の文を受けて，Did you (have a new experience when ...)? ということ。

● **next time**：「今度（は），この次に（は）」の意味。

▶▶ P.27の解答

答 (1) I am[I'm] waiting for a taxi.

(2) ② エ　　③ ア　　(3) イ

考え方 (1) 「〜を待つ」は wait for 〜。
(2) ア「本当ですか？」　イ「あなたはどうですか」　ウ「お手伝いしましょうか」　エ「それはどんなことでしたか」
(3) 過去の開始時点を表すのは since。

◆全訳◆

ブラウン：やあ，小川さん。お出かけですか。

小川：ええ。タクシーを待っているところです。駅へ行くんですよ。

ブラウン：あ，そうなんですか。2, 3週間前にタクシーに乗るとき新しい経験をしました。

小川：そうでしたか。どんなことですか。

ブラウン：タクシーのドアを開けようとしたときびっくりしました。私がさわる前にドアが開いたんです。もう少しで脚にぶつかるところでした。

小川：本当ですか。でも，どうしてそれが新しい

経験なんですか。

ブラウン：アメリカのタクシーには自動ドアがついていないのです。私たちは手でタクシーのドアを開けます。

小川：ああ，それは知りませんでした。

ブラウン：英国でもタクシーのドアは同じです。

小川：タクシーのドアでさえほかの国では違うのですね。ブラウンさんは日本に来てから多くのことを学んだのですね。私のタクシーが来ました！今度あなたの経験を聞かせてください。ではまた。

ブラウン：それでは。

②-3 バスツアー　　　　P.28・29

STEP1-3 の解説 ……………………………………

① **May I help you?**：店などで使うと「いらっしゃいませ」，通りなどで使うと「(何か)お手伝いしましょうか」の意味。

⑤ **by**：「〜までに」と期限を表す。「〜まで (ずっと)」と継続を表すのは until か till を使う。

⑨ **wife**：複数形は wives という特別な形になる。

⑩ **Here you are.**：何かを手渡すときに使う。Here it is. もほぼ同じ意味。

⑬ **〜-year-old**：〜に2以上の数字がきても year を複数にしない。

⑭ **grandson**：「孫娘」は granddaughter という。

◆ ・その他・ ◆

● **sir**：男性に対して，呼びかけ，返事などに尊敬を込めて使う。

● **yen**：日本語に由来する語なので，前に複数の数字がきても s はつけない。

▷▷▷ P.29の解答

答 (1) (a) four　(b) much　(c) 12,500
(2) ❶ エ　❷ ア

考え方💡 (1) (a) バスは午前10時に出発。ツアーは6時間かかるとある。
(b) 値段をたずねるのは How much 〜?。
(c) ヒルさんの妻(大人)→5,000円，孫息子 (13歳未満の子ども) →2,500円，ヒルさん(大人)→5,000円を合計する。
(2) ❶ 数をたずねるので How many 〜? 「何人が参加しますか」という疑問文にする。
❷ 相手に何かを手渡すときは，Here

you are. を使う。ここではお金を手渡している場面。

◆ ・全訳・ ◆

係員：おはようございます。ご用件をお伺いします。

ヒルさん：はい，お願いします。東京をバスで巡りたいと思っているのですが。何曜日にありますか。

係員：1年を通して毎日バスツアーはございます。

ヒルさん：土曜日のツアーは何時に出発するのですか。

係員：午前10時に出発します。そのツアーは6時間かかりますから，午後の4時ごろに戻ってきます。

ヒルさん：その土曜日のバスにしようと思います。おいくらですか。

係員：13歳未満のお子様が2,500円で，大人が5,000円でございます。何名様が参加のご予定ですか。

ヒルさん：私の妻，10歳の孫息子，それに私です。

係員：それでは，12,500円になります。

ヒルさん：わかりました。はい，どうぞ。

係員：ありがとうございます。当日は午前9時50分までにバスターミナルにお越しください。

ヒルさん：はい。どうもありがとう。

②-4 ゆかたのパット　　　　P.30・31

STEP1-3 の解説 ……………………………………

③ **hope**：I hope (that) 〜で「〜だといいな」の意味を表すことが多い。

⑤ **hot**：「暑い，熱い」が基本の意味だが，味について使われると「辛い」の意味になる。

⑦ **before**：ここでは副詞での用法。前置詞，接続詞についても確認しておこう。

⑩ **be interested in 〜**：「〜に興味をもつ」と動作を表すときは，get[become] interested in 〜とする。

⑫ **wear**：過去形は wore，過去分詞は worn。

⑬ **try 〜 on**：〜に it や them などの代名詞がくるときは必ずこの語順にする。

◆ ・その他・ ◆

● **at college**：「大学で」の意味。このとき college には a も the もつけない。

10

答 (1) ❶ カ　❷ エ　❸ ク　❹ イ

(2) （We）call it a *yukata*（.）

考え方💡 (1) ❶ Nice to meet you. と言われ
たら，Nice to meet you（,）too. で応
答する。

❷ 日本には初めてであることを，「私
は以前こちらに来たことは一度もあり
ません」と，現在完了の経験の否定で続
ける。

❸ 前の文の内容から「大好き」である
ことを伝える文にする。

❹ 「写真を撮りましょうか」→「はい，
お願いします」と続く。「～しましょう
か」と申し出るのは Shall I ～ ?

(2) 動詞は call になる。〈call *A B*〉で
「*A* を *B* と呼ぶ」の意味になる。

・全訳・

野田さん：こんにちは，パット。はじめまして。

パット：こちらこそはじめまして。私を受け入れ
てくださってありがとうございます，野田さん。

野田さん：どういたしまして。これが日本への初
めての訪問になりますか。

パット：はい。私はこちらに来たことはありませ
ん。私は日本の文化にとても興味があって，大学
で現代の日本文化を研究するつもりです。

野田さん：パット，きみに渡したいものがあるん
だ。気に入って，お祭りへ着て行ってくれるとい
いんだけど。

パット：お祭りに着て行く？

野田さん：そう。これがそれだよ。私たちは「ゆ
かた」って呼んでいるんだ。暑い季節向けの着物
の一種だね。

パット：わあ，これはすごいですね。とても気に
入りました。今試着してみます。

野田さん：ええどうぞ。
　　　　　　　　　　　:

野田さん：とてもすてきに見えますよ。写真を撮
ってあげましょうか。

パット：はい，お願いします。ありがとうござい
ます。

② -5　動物園で　　　　　P.32・33

STEP1-3 の解説

❹ **minute**：hour（1時間），minute（分），second
（秒）をまとめて覚えておこう。

❾ **Why don't we ～?**：自分も含めて「（いっしょ
に）～しませんか」と誘うときに使う。「（あなたが）
～してみませんか」は Why don't you ～? とす
る。

・その他・

● **first**：ここでは副詞で「まず（最初に）」の意味。

● **Sounds great.**：「（とても）よさそうですね」の
意味。That sounds great. と主語をつけて言
うこともある。

● **How about ～ing?**：「～してみませんか」の意
味。

● **until**：「～まで（ずっと）」の意味で，時間の継続
を表す。

● **both ～ and ...**：「～と…の両方とも」の意味。
and だけを使うよりも意味が強くなる。

▶▶▶ P.33の解答

答 (1) **35**　　(2) **ネコとのふれあいタイム**

(3) **ウ**

(4) **ウサギ：第3回**

ライオンの赤んぼう：第3回

考え方💡 (1) ベスの最初の発言から，ネコとの
ふれあいタイムにまず参加することに
なっていることに注意する。6～7行目
から正午に終わるふれあいタイムは11
時40分開始のものだとわかる。それま
で5分しかないと言っているので，11
時35分ごろの発言だと考えられる。

(4) 2時30分ころまではペンギンとイ
ルカを見ることから考える。

・全訳・

ベスと美々は動物園にいます。2人はチラシを
見ています。

ベス：見て，今日は動物とのふれあいタイムに3
つの予定があるわ。まずネコとのふれあいタイム
に参加しましょう。

美々：よさそう。あら，始まるまで5分しかな
いわ。急がなくちゃ。

ベス：ええ，でも心配しないで。すぐそこよ。ネ

11

コとのふれあいタイムは12時ちょうどに終わるわ。そのあとはどうする？

美々：コアラのおりの近くにあるレストランで昼食を食べましょうよ。

ベス：わかった。あとの2つには昼食のあとに参加しましょう。

美々：いいわ。でも，その前にペンギンとイルカも見たいわ。

ベス：いいわ，私も行く。午後2時30分ころまでそれらを見るのはどう？　ウサギとライオンの赤んぼうのふれあいタイムの両方に参加できるわ。

美々：完ぺきよ！　4時前にはここを出発して，家に早く帰れるわ。さあ，行きましょう！

❷ まとめのテスト① ▶ P.36・37

1 答 (1) 本当に　(2) ウサギ
(3) いっしょに　(4) 親しい，友好的な
(5) 最初〔に〕　(6) 妻
(7) 旅行，ツアー　(8) 特別の
(9) kind　(10) adult
(11) station　(12) college[university]
(13) sky　(14) understand
(15) world　(16) sometimes
(17) zoo　(18) join

2 答 (1) hour　(2) children
(3) second　(4) more
(5) countries　(6) worried

3 答 (1) Are you interested in this story?
(2) Why don't you come to the party tonight?

考え方💡 (1) 「〜に興味がある」は be interested in 〜。
(2) 「〜しませんか」はWhy don't you 〜?

4 答 (1) (Yes,) it's called a *hashioki* in (Japanese.)
(2) エ
(3) (a) No, she didn't[did not].
(b) She paid 600[six hundred] yen.

考え方💡 (1) we call it a *hashioki* in Japanese を受動態にした文。
(2) どういう値段だから気に入ったのかを考える。high(高い), cold(冷たい), popular(人気のある), low(低い)。

(3) (a) 「エレンは初めて見たとき『はし置き』がどんなものか知っていましたか」が質問の意味。10行目に注目。
(b) 「エレンは『はし置き』にいくらのお金を払いましたか」が質問の意味。16〜17行目に1個300円で2個買うとある。pay は「払う」の意味で，過去形は paid。

・全訳・

本田さん：こんにちは，エレン。お元気ですか，今日は何にいたしましょう？

エレン：元気よ，ありがとう。先週のパーティーで気づいたあるものを探しているの。それはテーブルでその上にはしを置くのに使われるのよ。小さくて役立つの。

本田さん：あら，それは「はし置き」だわ。

エレン：「はし置き」ですか？

本田さん：ええ，日本語で「はし置き」と呼ばれているのよ。

エレン：わかりました。それがどんなものかわからなかったんだけど，とてもかわいいと思ったの。だから，アメリカの両親に送ってあげようと思っているの。

本田さん：いいわ。いくつかお見せしましょう。このサクラの花の形をしたものはいかがですか。

エレン：うわー，とてもきれい！　おいくらなの？

本田さん：1個300円よ。

エレン：いいわね。その安い値段も気に入ったわ。2個くださいな。

本田さん：ありがとうございます，エレン。

❷ まとめのテスト② ▶ P.38・39

答 (1) ⓐ October　ⓑ No, isn't
(2) ❶ オ　❸ ア　❹ エ
(3) ① money　② you
(4) 始め：many　終わり：Japan
(5) ・英語が上達すること。
・英語を話すのが楽しくなること。
(6) ウ

考え方💡 (1) ⓐ 英文3行目参照。　ⓑ 「美咲はインターネットを使うことについてのスピーチを書いていますか」が質問。
(2) ❶ オ「それは何ですか」　❸ ア「とても時間がかかります」　❹ エ「心

配しないで」

(6) 対話文の最後で, 洋介が, ..., so I can talk about that. と言って参加することに同意している。

・全訳・

洋介：こんにちは, ブラウン先生。何をしているんですか。

ブラウン先生：やあ, 洋介君。健君のお手伝いをしているんだよ。彼は10月にあるコンテストのスピーチの練習をしているんだ。

洋介：健君, スピーチではどんなことについて話すつもりなんだい？

健：Table for Two って知ってる？

洋介：いや。何ですかそれは？

健：もしレストランのメニューから Table for Two の食事を注文すると, いくらかのお金が貧しい国々のおなかをすかせた子どもたちのための学校の昼食を買うのに使われるんだ。それにまた, きみが注文する食事もカロリーが高くないんだ。

ブラウン先生：今豊かな国の人の中には食べ過ぎの人もいますが, 世界には十分な食べ物が手に入らない人たちもとても多くいます。それで, こういった食事が豊かな国と貧しい国の両方で人々を助けているわけです。

洋介：わかりました。美咲さん, あなたもコンテストに参加するのですか。

美咲：ええ。私は今ペットについてスピーチを書いているところよ。私はタマってネコを飼っていて, 彼女は私の家族の一員なの。でも, 日本では多くのペットが捨てられて動物収容施設で死んでいるのよ。それが私を悲しませるの。それで私は生徒のみなさんに自分たちのペットについてもっと考えてほしいと思っているのです。

洋介：それは大事なことですね。スピーチを書くのはたいへんですか？

美咲：ええ。とても時間がかかるわ。本を読んだり, ペットに関する問題をネットで検索したりしなければいけないの。でも, 楽しみながらやってるわ。

健：洋介君, もしきみにいい話題があったら, コンテストに参加してみたらどうだい？

洋介：でも, ぼくの英語はよくないし。

ブラウン先生：心配しなくていいですよ。コンテ

ストのあとは, きみの英語がよくなっていて, 英語を話すのが楽しくなっていますよ。

洋介：わかりました。やってみましょう。ぼくは毎月ボランティア活動をしていますから, それについて話すことができます。

③ 学校・友だち

③-1 最も興味のあるスポーツは？ P.40・41

STEP1-3 の解説

① ・ ② **ask・answer**：対になる語だが, answer は動詞にも名詞にも使われるが, ask は動詞だけに使われる。

④ **popular**：比較級・最上級は more, most を使う。

⑧ **interesting**：この形容詞も比較級・最上級は more, most を使う。

⑩ **found**：(find A B) で, 「A が B だとわかる」。

・その他・

● There was one sport that the same number of ...
：that は目的格の関係代名詞で, 先行詞は one sport。動詞 find の目的語で, interesting が補語になる。

P.41の解答

答 (1) ウ

(2) エ

考え方 (1) 英文2〜4行目から, Ⓐはサッカーだとわかる。4〜7行目から, Ⓒは野球だとわかる。7〜9行目から, Ⓑはテニスだとわかる。9〜11行目から, Ⓕはバスケットボールだとわかる。11〜13行目から, Ⓓはラグビーだとわかる。(Ⓔについては言及されていない)

(2) エ 「サッカーはバスケットボールほど生徒に人気がなかった」は内容に合わない。

・全訳・

ある中学校で, 生徒たちが「あなたが最も興味のあるスポーツは何ですか」という質問に答えることを求められました。グラフは生徒たちの回答を示しています。サッカーはすべての生徒たちの間で最も人気がありました。男子生徒, 女子生徒のほぼ同数がサッカーが好きでした。野球も人気

のある回答でしたが，男子生徒のほうが女子生徒よりも野球に興味がありました。野球はおもしろいと答えている女子生徒は 11 パーセントしかいませんでした。男子の中で，同じパーセンテージの生徒がテニスに興味をもっていましたが，女子生徒の 24 パーセントがテニスが好きでした。バスケットボールは男子生徒に人気がありました。男子生徒の 18 パーセントがバスケットボールに興味がありましたが，女子生徒は男子生徒ほど興味がありませんでした。男子生徒・女子生徒ともに同じ人数がおもしろいと思っているスポーツが 1 つありました。それはラグビーでした。

③-2 さようなら，日本　　　▷P.42・43

STEP1-3 の解説 ……………………………

④ **better**：副詞 well（上手に）の比較級にも使う。

⑤ **try**：過去形・過去分詞は tried。

⑧ **Why don't you 〜?**：相手に何かをすすめるときの言い方。自分を含めるときは Why don't we 〜? となる。

⑩ **don't have to 〜**：must not（〜してはいけない）と区別すること。

⑬ **It looks like 〜.**：〜の部分には主語と動詞がある文がきてもよい。

・その他・

● **I'd like to 〜**：I'd は I would の短縮形。would like to は want to の控え目な表現になる。

● **as you know**：「知っての通り」の意味で，よく使う表現。

● **the next day**：過去のある日から見た「その翌日」は the next day と，ふつう the をつける。

▶▶▶ P.43の解答

答 ① October　② club　③ first
④ week

考え方💡 問題文の訳文は次のようになる。
　こんにちは，リサ。あなたは①10月の第3週目に私たちの学校に来て，剣道②部を訪れました。私たちはあなたとの剣道の練習を本当に楽しみました。「菜奈美が③最初の日本人の友人」と聞いたときはとてもうれしかったわ。あなたが④来週自分の国へ帰らなければならないのでとても悲しいです。すぐに会える

といいのですが。お体に気をつけてください。

・全訳・

　アメリカ出身の生徒，リサはまもなく日本を離れます。彼女は今クラスメートの前で話しています。

　日本を出発する前に，私はある日本人の友人についてお話ししたいと思います。

　知っての通り，私は 10 月の第 3 週目にこの学校に来ました。私は日本の伝統的なスポーツに興味がありました。それでこちらでの最初の日に剣道部を訪れました。剣道のけいこをしている部員が 10 人ほどいました。女子生徒と話したかったのですが，全員が顔に面をつけていたので，それは簡単なことではありませんでした。私はだれとも話すことができず，ただ見ているだけでした。

　数分後，1 人の女子生徒が私に近づいてきました。彼女はほほえんで，「私の名前は菜奈美です。あなたは剣道が大好きみたいですね。これから，おけいこしませんか」と言いました。私はとてもうれしくなって，彼らの仲間に入りました。

　剣道のけいこを通じて，菜奈美は私の最初の日本人の友人になりました。数日後，私は彼女に，「もっと友だちを作るために日本語を話すべきかしら」とたずねました。彼女は「ええと，あなたはそんなことを心配する必要はないわ。よりよい意思伝達のために，私はいつも最初にほほえむようにしているの」と言いました。

　その翌日，私はそれを多くの人に試してみました。全部成功でした。私は菜奈美から大切なことを 1 つ学びました。つまり，だれかにほほえむと，それはあなたにも戻ってくる，ということです。

　私は来週，自分の国へ帰らなければなりません。ここでは本当にすばらしい時間を過ごしました。ありがとう，菜奈美さん，それと友だちのみなさん。

③-3 あなたの将来　　　▷P.44・45

STEP1-3 の解説 ……………………………

① **finish**：finish school（学校を終える）→「卒業する」ということ。

⑥ **quite**：形容詞の quiet（静かな）と混同しないように。

⑧ **decide**：decide on 〜で「〜に（ついて）決める」

の意味。

⑭ help (...) 〜：〜の部分には動詞の原形がくるが，to 〜の不定詞を使うこともある。このような動詞の原形を特に原形不定詞と呼ぶこともある。

・その他・

● **What are you interested in and what are you good at?**：be interested in 〜（〜に興味がある），be good at 〜（〜が得意である）の最後の前置詞 in，at は what が目的語になる。

● **There is another way that will ...**：that は way を先行詞とする主格の関係代名詞。

● **for example**：「たとえば」の意味で，例をあげて言うときに使う。文頭，文中，文末に置かれる。

● **There may be many things about yourself that you ...**：that は things を先行詞とする目的格の関係代名詞。このように，先行詞と関係代名詞が離れることもある。

》》 P.45の解答

答 (1) 自分の将来を決めるとき，自分自身について知ることはとても大切です。

(2) あなたが何に興味があって，何が得意かということと，自分自身についてどれだけ知っているかということ。

(3) あなたのまわりにいてあなたを助けられるような（多くの）人たち。

(4) いろいろな方法で自分自身を見つめて，自分自身を考えれば，将来どのように生きればいいかをあなたに教えてくれるでしょう

考え方 (1) It is ... to 〜.で「〜することは…だ」。
(3) あとに続く They will tell you ... の内容を含めて答えてもよい。
(4) this はこの文の前半を指す。

・全訳・

高校を卒業したあとあなたはどうしたいですか。大学で勉強したいですか，それとも仕事につきたいですか。

自分の将来を決めるときには自分自身について知ることはとても大切です。では次の質問に答えてみてください。あなたは何に興味があって，何が得意ですか。あなたは自分自身についてどれだけ知っていますか。これらの質問に答えようとすることはあなたがあなた自身をもっとよく知るの

に役立つでしょう。

自分自身を理解するのに役に立つもう１つ別な方法があります。それはほかの人の話を聞くということです。あなたのまわりにはあなたを助けてくれるような人がたくさん見つかるでしょう。たとえば，あなたの先生，親，友人です。彼らは，あなたが自分自身を理解するのに役立つことを何か教えてくれるでしょう。あなたひとりでは見つけ出すことのできない多くのことがあるかもしれません。

いろいろな方法で自分自身を見つめ，自分自身について考えてみてください。こうすれば将来どう生きればいいかがわかってくるでしょう。

③-4 新しい英語の先生 》 P.46・47

STEP1-3 の解説 ‥‥‥‥‥

④ arrive：比較的広い場所には arrive in 〜，比較的せまい場所には arrive at 〜とする。

⑥ at that time：at the time ともいう。

⑨ reach：arrive と異なり，at も in もつかない。

⑭ upstairs：この語自体が副詞であることに注意。

・その他・

● **decide to 〜**：「〜することに決める」は decide to 〜で，不定詞の代わりに動名詞は使えない。

》》 P.47の解答

答 (1) spoke, spoken　　(2) at

(3) ルミが，イギリスと日本とでは，階数の表し方が違うのを忘れていたこと〔イギリスでは１階のことを first floor ではなく ground floor というのを忘れていたこと〕。

(4) 彼女に会うとすぐに，私は自分の間違いについて話しました。

考え方 (3) 下線部に続く文に注目する。

・全訳・

新しい英語の先生が私たちの学校にやって来ました。彼女の名前はエレンで，ロンドンの出身です。とてもすてきな人で，よく放課後私たちとテニスをします。

この前の日曜日に私が通りを歩いていると，だれかが私の名前を呼びました。それはエレン先生でした。彼女は「おはよう，ルミ。こたつを買いたいの。でも日本語がうまく話せないから，いっしょに来てくれない」と言いました。私はこれを

聞いてとてもうれしくなりました。でも私はそのときおじを訪ねなければなりませんでした。それで，1時にデパートの「ファースト・フロア」で，のちほど会うことに決めました。

私は彼女より早くそこに着きたかったので，待ち合わせの場所に12時50分に行きました。私はいすにすわって彼女を待ちました。

1時15分になりました。彼女がどうして遅いのか不思議に思いました。しかし私が時計を見ている間に，自分の間違いに気がつきました。大きな間違いです！　イギリスでは1階のことはグラウンド・フロアというのです。だから，ファースト・フロアというのはエレン先生には日本では2階になるのです。

私は2階に走って行きました。彼女はそこにいました！　私を探していました。私は彼女に会うとすぐに私の間違いについて話しました。それから彼女はほほえんで言いました。「ごめんなさい。私もあなたと同じ間違いをしてしまったわ。さあ，行きましょうか」

あわただしい一日でしたが，とても楽しい時を過ごしました。

③-5　図書館へ行こう　P.48・49

STEP1-3 の解説

③ **close**：[klóuz]の発音。[klóus]と発音すると，「近い」という意味の形容詞になる。

⑩ **ID**：identification または identity を短縮して言ったもの。

・その他・

● **am, pm**：a.m.，p.m. や大文字で AM, PM とすることもある。ちょうどの時刻には 8:00 am などとしないのがふつう。

● **"Golden Week"**：日本でしか通じない英語なので，" " で囲ってある。

● **an ID card that shows ...**：that は an ID card を先行詞とする主格の関係代名詞。

● **find books you want to read**：books のあとに目的格の関係代名詞が省略されている。

≫≫ P.49の解答

答）ウ，エ

考え方）ア　午後4時については第2段落の最後の文を参照。

イ　このような記述はない。第2段落参照。

ウ・エ　第2段落の内容に合う。

オ　3週間ではなく2週間。

カ　CD や DVD の返却には返却ポストを使うことはできない。

・全訳・

当図書館は，通常毎週火曜日から日曜日まで開館しています。開館時間は午前9時から午後8時までです。毎週月曜日と，正月などの休日には閉館します。4月と5月の「ゴールデンウィーク」の期間中は特別な休館日があります。

図書館から本を借りたいときは，図書館カードを入手しなければなりません。まず，あなたの名前，生年月日，それに住所を示す身分証明書を持ってきてください。次に，それらを申し込み用紙に記入します。そうしたら，その用紙を身分証明書といっしょに1番カウンターに持っていきます。申し込みは火曜日から土曜日までは午後7時まで受け付けます。日曜日は午後4時までです。

家で読みたい本が見つかったら，図書館カードといっしょに4番カウンターに持っていきます。2週間6冊まで借りられます。本を返すときは3番カウンターまで持ってきてください。返却ポストもいつでも使うことができます。

図書館からは CD や DVD も借りることができますが，それらの返却に返却ポストを使うことはできません。

③ まとめのテスト①　P.52・53

1 答）(1) 数，数字　　(2) 物，事
(3) 着く，到着する　　(4) 間違い，誤り
(5) 別の，もう1つの　　(6) 決心する，決める　　(7) 人気のある　　(8) ～を通して
(9) holiday　(10) same　(11) show
(12) important　(13) practice
(14) often　(15) street　(16) finish
(17) answer　(18) useful

2 答）(1) better　　(2) difficult[hard]
(3) understood　　(4) spoke
(5) should　　(6) yourself[yourselves]

3 答）(1) What do you want to be in the future?

(2) I'm not interested in this kind of story.

> **考え方** (1) 「将来(に)」は in the future。
> (2) 「～に興味がある」は be interested in ～。

4 **答** (1) ❶ speaking ❷ spoken
❸ told ❹ learning
(2) Ⓐ in Ⓑ from Ⓒ for
(3) ① カレンが生まれて6か月後。
② 日本語を勉強して，日本人についてもっと学ぶこと。

> **考え方** (1) ❶ 前置詞 at のあとなので動名詞にする。
> ❷ 経験を表す現在完了の文になるので過去分詞になる。
> ❸ 直前に was と過去形があるので過去形にする。
> ❹ enjoy の目的語は動名詞にする。
> (2) Ⓐ be interested in ～で「～に興味がある」
> Ⓑ be different from ～で「～と異なる，違う」
> Ⓒ It is ... for – to ～. で「－にとって～することは…だ」。for －は不定詞の意味上の主語を表す。
> (3) ① 2～3行目に注目する。
> ② 第4段落の，I want to ～以下に注目する。

・**全訳**・

　私の名前はカレン・ミラーです。私は1995年に鎌倉で生まれました。母は日本人で，父はニューヨーク出身のアメリカ人です。私が生まれて6か月後に私の家族はボストンに引っ越して，私はここでずっと育ってきました。私は黒髪で茶色の目をしています。日本人のように見えますが，残念ながら私は日本語を話すのが得意ではありません。というのは，母が日本語で私に話しかけたことがないからです。

　私が子どものころ，母はよく英語で日本について話してくれたので，私はあなたがたが話している言語と私たちのとは異なる生活様式にずっと興味がありました。

　今年から私は日本に数年間またはそれ以上住むことになってとてもうれしいです。現在，今度

の9月に日本に行く予定で，教師の1人としてみなさんの英語の授業で働くつもりでいます。みなさんと英語を話せるのを楽しみにしています。

　私にとって外国語を学ぶことはとても楽しみで，日本語を勉強して日本の人々のことをもっと知りたいと思っています。

　みなさんは英語を学び，私は日本語を学びます。外国語でお互いに意思を通じ合うことはとても大切なことだと思います。

　いっしょに日本語と英語を楽しく学びましょう。

❸ まとめのテスト② ▶ P.54・55

答 (1) 健太と秀樹がバレーボールの試合で初めてプレーする(土曜)日。
(2) ❷ 学校へ行く途中で，彼らは道路のわきにすわっているお年寄りの女性を見かけました。
❸ ここから私の家までは歩いて30分ほどかかるでしょう。
(3) wants us to take her
(4) ウ
(5) Finally
(6) お年寄りの女性の息子さんが車で2人を学校まで送ってくれること。
(7) (a) エ (b) カ (c) ウ

> **考え方** (1) 第1段落に注目する。
> (2) ❷ on the way to ～で「～へ行く途中で」。who は an old woman を先行詞とする主格の関係代名詞。
> ❸ この文の walk は名詞で「道のり，歩行距離」の意味。
> (3) 〈want ... to ～〉で「…に～してほしい」の意味。her は目的格で，take の目的語にする。
> (4) alone は「ひとりに〔で〕」の意味。by oneself が同じ意味を表す。
> (5) at last は「ついに，とうとう，最後に」の意味。finally と同じ意味。
> (6) 直前の段落のお年寄りの女性の発言内容から考える。
> (7) 問題文の意味は次の通り。
> 　ある土曜日の朝，健太と秀樹はバレー

ボールの試合で初めてプレーするために学校に向かっていました。その途中で，2人は道のわきにいるお年寄りの女性を<u>見つけました</u>。彼女は歩けないと言って，彼らに彼女を家まで<u>連れて行ってくれる</u>ように頼みました。健太は，彼女の家に行けば試合でプレーできなくなると思いました。健太は最初彼女を家に連れて行きたくありませんでした。彼女の家族に電話するほうがもっといいだろうと考えました。しかし，彼は自分の<u>考えを変えました</u>。

● 全訳 ●

健太と秀樹は学校のバレーボール部に入っていました。次の土曜日に初めて試合でプレーすることを言いわたされたとき2人はとても喜びました。

その日がやって来て，午前10時ごろに家を出ました。とても寒く，雪の降る日でした。ときどき激しい風も吹きました。学校へ行く途中で，道のわきにすわっているお年寄りの女性を見かけました。まわりには一軒も家がありませんでした。

健太は「すみませんが，お手伝いしましょうか」と言いました。

「まあ，そうね，お願いします。雪ですべって足首をねんざしてしまったんです。歩けそうにありません」と彼女は言いました。「私を家まで連れて行ってくれるかしら？　ここから私の家までは歩いて30分ほどかかるでしょう」

健太は，彼女を家に連れて行くと試合に出られなくなると思いました。健太は「ぼくは初めての試合に出たいよ。彼女の家族に電話したほうがいいよ。電話を使えば，彼女を助けられるし，試合でプレーすることもできるよ」と言いました。

「それは知ってるさ。ぼくだって試合でプレーしたいんだ。でも彼女はぼくたちに彼女を家まで連れて行ってほしいと思っているんだ。ここはとても寒いよ。彼女をひとりっきりにするなんてできないよ。彼女を家に連れて行くべきだよ」と秀樹が言いました。

健太は少し考えてから，秀樹といっしょに行くと言いました。

秀樹が彼女を背負い，それから健太が背負いま

した。そのお年寄りの女性は道すがらいろいろなことを少年たちに話しました。彼女は2人に何回もお礼を言いました。彼女の言葉を聞いて健太と秀樹はとてもうれしい気持ちになりました。

ついに彼らは彼女の家に着きました。彼女の家族全員が「本当にありがとうございます」と言いました。

そのお年寄りの女性は自分の息子に「その親切な2人の少年を学校まで車で送ってくれないかい？　彼らは今日，初めてバレーボールの試合でプレーする予定なんだよ」と言いました。もちろん，息子さんの返答はイエスでした。

健太と秀樹はそれを聞いてとてもうれしくなりました。

④　物語①

④-1　宿題をしたのはだれ？　　P.56・57

STEP1-3 の解説

⑧ one day：過去の「ある日」の意味に用いられることが多いが，未来の「いつか」の意味にも使う。

⑭ help ～ with ...：～には人が，…には手伝うものがくる。

● その他 ●

● **by myself**：by oneself（自分で）の熟語。

P.57の解答

答　(1)　ウ　　(2)　ア　　(3)　エ
(4)　didn't　　(5)　free

考え方　(1)　形容詞的用法の不定詞にする。
　　(2)　ジョンの計算がすべて合っていたことを考える。
　　(4)　主文が一般動詞の過去形で，肯定文なので，付加疑問には didn't を使う。

● 全訳 ●

ジョンは10歳でした。彼はあまりいい生徒ではなく，宿題をするのが好きではありませんでした。というのは，彼にはひまなときにするおもしろいことがたくさんあったからです。しばしば彼は宿題をしませんでした。また，彼が宿題をしたときは，いつもたくさんの間違いをしました。

ある日，彼の算数の先生がジョンの宿題を見ました。彼の計算のすべてが正解でした！　先生はとてもうれしくなりましたが，同時にとても驚き

ました。彼はジョンを自分の机のところまで呼び出して，彼に言いました。「今回は１つも間違いがなかったよ，ジョン。どうしたんだい？　きみのお父さんが手伝ってくれたんだね」

「いいえ」とジョンは答えました。「いつもはお父さんがぼくの宿題を手伝ってくれるのですが，昨夜は忙しくて手伝うことができませんでした。それでぼくが自分でしなければならなかったんです」

④-2　ストーン氏　　　　　　P.58・59

STEP1-3 の解説 ……………………………

② **hard**：ここでは形容詞。２つの意味にかけている。

⑨ **remain**：うしろに形容詞が続いて「（ずっと）〜のままでいる」の意味を表す。

⑮ **get along well**：get along だけでもこの意味を表すことがある。

・その他・

● **soldiers to train**：to train は soldiers を修飾する形容詞的用法の不定詞。

● **much harder than**：比較級を強めて言うときは，very ではなく much を使う。

● **right now**：right away と同じ意味。「今すぐ，直ちに」

▶▶ P.59の解答

答　ア　×　　イ　×　　ウ　○　　エ　×
オ　×

考え方🔍　ア　ストーン氏はいつも新兵，老兵にやさしくしようとしました。
　　イ　ストーン氏は今年は新兵が１人しかいませんでした。
　　ウ　ストーン氏は兵士たちに，お互いうまくやっていくために，彼にいたずらをしないように言いました。
　　エ　新兵の１人１人が名前と住所を言うように言われました。
　　オ　最後の兵士は，よく聞こえなかったので，最初は自分の名前を言いませんでした。

・全訳・

ストーン氏は，新兵に厳しい将校として知られていました。今年も新しい訓練兵が数名やって来ました。

彼は初めて彼らに会って，こう切り出しました。「私の名前はストーンだ。石よりもはるかにかたくて厳しいぞ。だから，私がきみたちに言う通りにしなさい。そうしないと問題が起きる。私にいたずらしようとするな。そうすればお互いうまくいく」

彼はその兵隊たちに近づいて，１人ずつに名前をたずねました。「大きな声で言うんだ。そうすればみんなにはっきり聞こえる」と彼は言いました。「そして私を sir づけで呼ぶことを忘れるな」

兵士のそれぞれが彼に自分の名前を伝え，将校は最後の兵士のところに来ました。この男はずっと黙ったままだったので，ストーン氏は叫びました。「質問をしたら，お前はすぐに答えなければならないんだ。もう一度たずねよう。お前の名前は何だ」。

「イエス，サー！　私の名前は…」「今すぐに答えろ」彼は再び叫びました。

「私の名前は，ストーンブレーカー（石を砕く人）です」と，その新兵は小さな声で言いました。

④-3　いい考え！　　　　　　P.60・61

STEP1-3 の解説 ……………………………

② **sleep**：過去形・過去分詞は slept。

⑦ **all day**：all day long とも言う。

⑨ **pull**：反意語は push（押す）。

⑫ **be quick at 〜ing**：at の代わりに in を使うこともある。

・その他・

● **pay 〜 for …**：「…（のため）に〜払う」の意味。

● **take out 〜 from …**：「…から〜を取り出す」の意味。

▶▶ P.61の解答

答　(1)　(a)　young　　　(b)　learning
(c)　lazy　　(d)　Henry's brother　　(2)　エ

考え方🔍　(1)　(a)　２行目参照。
　　(b)　４〜５行目参照。
　　(c)　６行目参照。
　　(d)　９行目以降を参照。
　　(2)　エ「ヘンリーはどうしていいかわかりませんでした」が最適。

　ある日ヘンリーは，彼の毎日の仕事に大いに役立つような馬を買いたいと思いました。彼は友人の農場に行って若い馬を見つけました。彼はそれに 500 ドル払いました。

　ヘンリーはその馬にたくさんの食べ物を与え，とても優しくしました。その馬は物覚えが早かったので，彼は読むことができるように教え込みました。

　しかしながら，数年後にその馬はとても怠け者になってしまいました。一日中寝ているのが好きで，まったく働こうとしませんでした。ある朝，ヘンリーは町に行きたいと思い，馬に馬車を引くように言いました。しかし，馬は馬車を引こうとしませんでした。ヘンリーはどうしたらいいのかわかりませんでした。ちょうどそのとき，彼のお兄さんが家から出てきました。

　「よし，私にいい考えがある！」と彼は言いました。彼はポケットから 1 枚の紙を取り出して，それにこう書きつけました。

　『どなたかこの馬を買いたい人はいませんか。犬のいいえさになりますよ』

　彼はそれを馬に見せました。馬はその紙を見るやいなや，馬車を引き始めました。その後，その馬は再び怠けることはありませんでした。

④-4 空に　　　　　　　P.62・63

STEP1-3 の解説 ‥‥‥‥‥‥‥‥‥

① **son**：sun(太陽)と同じ発音。

②・③ **lady・gentleman**：それぞれ複数形は，ladies, gentlemen となる。ladies and gentlemen は，演説などのときに呼びかけに使う表現。

⑥ **hour**：our(私たちの)と同じ発音。

⑩ **right-hand**：「左手の」は left-hand。

・その他・

● **five-year-old**：数字を表す語が複数でも year はふつう複数形にしない。

● **the happy time they spent**：time のあとに目的格の関係代名詞が省略されている。

● **reach・arrive**：「～に着く」の意味では，reach ～，arrive at[in] ～とする。

▶▶▶ P.63の解答

答 (1) (a) 4つ　　(b) 1時間30〔半〕分くらい

---

(2) Yes, they did.

(3) もし残りのエンジンが止まってしまえば，ぼくたちは一晩中(空中の)この飛行機の中にいることになるでしょう

考え方💡 (1) (a) エンジンの 1 つが止まって，残りの 3 つでオーストラリアに着ける，とある。

(b) 30 分と 1 時間を足す。

(2) 第 1 段落の 2 行目に「アメリカで過ごした楽しい時間について話していました」とある。

(3) it does は the other engine stops を指し，here は飛行機の中を指す。

　アンダーソンさんと 5 歳の息子のケビンはアメリカからオーストラリアに向かう飛行機の中にいました。2 人はアメリカで過ごした楽しい時間について話していました。そのとき機長の声が聞こえました。

　「お客様に申し上げます。右側の窓の外にエンジンの 1 つが動きを止めたのが見えます。どうかご心配なく。3 つのエンジンでオーストラリアに着くことができます。飛行機は 1 時間遅れます」

　約 30 分後，機長が再び話しました。「左側の窓の外にもう 1 つのエンジンが止まったのが見えます。どうかご心配なく。2 つのエンジンでオーストラリアに着くことができます。飛行機は 2 時間遅れになります」

　1 時間後，再び機長の声です。「もう 1 つのエンジンも止まってしまいました。どうかご心配なく。1 つのエンジンでオーストラリアに着くことができます。飛行機は 4 時間遅れになります」

　ケビンは父親のほうを向いて，「残りの(最後の) 1 つのエンジンが止まらなければいいね」と言いました。

　「おや，どうしてそんなこと言うんだい？」と父親がたずねました。「だって，エンジンが止まってしまったら，一晩中ここ〔高い所を飛んでいる飛行機の中〕にいることになるでしょう」

④-5 牛の配分のしかた　　　　P.64・65

STEP1-3 の解説 ‥‥‥‥‥‥‥‥‥

⑤ **cut**：過去(分詞)形も同じ cut。

⑩ **die**：名詞形は death[déθ]，形容詞形は dead [déd]。

・その他・

● **he was going to die**：まわりの状況などから みて「〜しそうだ，〜になりそうだ」というとき にも be going to を使うことができる。

● **now**：過去の文で使うと「今や，そのとき」の意 味になる。

▶▶ P.65の解答

答 (1) 私はあなたたちにその牛を分けてほしいの です。

(2) 私たちは牛の配分のしかた〔牛の分け方〕がわか りません。

(3) ❸ nine ❹ six ❺ two

考え方💡 (1) want … to 〜で「…に〜してほし い」。 (2) how to 〜で「〜のしかた」。 (3) 17頭の牛に1頭足して18頭。その18 頭の1/2の9頭をピートに，1/3の6頭 をディーンに，1/9の2頭をボブに分け たのである。

・全訳・

昔，ジョン・スミスという老人が大きな農場で 息子たちと暮らしていました。ある日彼は重病に なって，自分は間もなく死ぬのだということを知 り，息子たちを自分の部屋に呼びました。

「息子たちよ」彼は言いました。「私はすでに1 頭の馬をピートに，4頭をディーンに，8頭をボ ブに与えた。では，牛の2分の1をピートに，3 分の1をディーンに，9分の1をボブに与えよう。 その牛をおまえたちで分け合ってほしい。牛を切 断してはならぬ」

その翌日彼は亡くなりました。

そのとき，息子たちはみんなで17頭の牛を持っ ていました。彼らがその牛を分けるのはとても難 しいことでした。彼らはいっしょに考えに考えま したが，牛を分けることはできませんでした。そ こで彼らは村の賢い人のところへ行って「牛の分 け方がわかりません。どうか助けてください」と 言いました。

「あなたたちのお父さんは私にとても親切でし た」とその賢い人は言いました。「私には2頭の牛 がいます。そのうちの1頭をあなたたちにあげま しょう」

息子たちは賢者に礼を言い，その牛を家に連れ て帰りました。今や彼らは18頭の牛があるので， 牛を分けることができました。ピートが9頭，ディ ーンが6頭，ボブが2頭取りました。彼らは牛 を分けた上に，それでもまだ1頭ありました。彼 らは賢者の牛を返すことができました。このよう にして，だれも何も失いませんでした。

❹ まとめのテスト① ▶ P.66・67

1 答 (1) いっしょに，共に (2) すでに，も う (3) 馬 (4) (め)牛 (5) 引く (6) 賢い (7) 声 (8) 石 (9) sleep (10) paper (11) cut (12) farm (13) sick (14) train (15) soldier (16) math (17) happen (18) homework

2 答 (1) right (2) free (3) spoke (4) hour (5) gentlemen (6) student

3 答 (1) I don't know this place at all. (2) The girl remained silent for a long time.

考え方💡 (1) not 〜 at all で「まったく〜ない」。 (2) (remain ＋形容詞)で」「〜のままで いる」。

4 答 (1) named (2) この少女はもう少し大きくなったら有名に なるでしょう〔なりそうだ〕。 (3) from (4) 紙の(上)半分には何も描かれていなかった という点。 (5) ローラの体が小さくて，紙の上のほうまで 絵筆が届かなかったから。

考え方💡 (4) 10行目，12〜13行目参照。 (5) 最後の文を参照。

・全訳・

ローラという名前の小さな女の子はたった3歳 のときに絵を描き始めました。5歳になると，彼 女の年配のおじさんが彼女にイーゼルと絵の具を あげました。ローラはとても喜んで，すぐに絵を 描き始めました。

その絵はとても美しくまた興味をひくものだっ たので，おじさんはとても気に入りました。彼は

「この子はもう少し大きくなったら有名になるぞ。そうしたら，多くの人が大金で彼女の絵を買いたがるだろう」と言いました。

ローラの絵はほかの人たちの絵とはとても違っていました。ローラは紙の半分にしか描かなかったのです。

ある日，おじさんは庭でイーゼルに向かっているローラを見かけて言いました。「ローラ，教えてくれないか。どうして絵の上半分は描かないんだい？」

「私は小さいから，あまり高いところに絵筆が届かないのよ」とローラは言いました。

❹ まとめのテスト② ▶ P.68・69

答 (1) ❶ building ❸ herself
(2) ❷ I'll give her the diamonds
❺ knew nothing about the present
(3) ウ (4) made
(5) (a) in, sand
(b) bag, doll
(c) No, didn't

考え方 (1) ❶ 過去進行形に。
❸ say to oneself で「心の中で思う」。主語が she なので herself になる。
(2) ❷ give のあとに人→物を続ける。
❺ nothing を knew の目的語として使う。
(3) 「何をしているのですか」が適する。
(4) 〈make A B（形容詞）〉の「A を B（の状態）にする」の形に。
(5) (a) 「スーザンはどこで『ダイアモンド』を見つけましたか」
(b) 「スーザンはどこに『ダイアモンド』を入れましたか」
(c) 「スーザンのお母さんは粒が本物のダイアモンドだと思っていましたか」

・全訳・

ある日の午後，5歳になる女の子スーザンは，家の近くにある公園へ駆けてやって来ました。彼女は砂遊びを始めました。小さな砂のお城を作っているとき，スーザンは砂の中に美しい粒をたくさん見つけました。

「何てすてきなの！」とスーザンは言いました。

「きっとダイアモンドにちがいないわ」

彼女はそれらを集め始めました。「たくさん手に入れなきゃ。だって今日はママの誕生日なんだもの。そのダイアモンドをお母さんにあげるのよ」と彼女は言いました。

家に帰ると，お母さんは台所で忙しく料理をしていました。

「今はママにダイアモンドのことを話したくないわ」と彼女は心の中で思いました。そのとき，彼女は小さなバッグを持っているお気に入りのかわいい人形を思い出しました。自分の部屋に入って行き，そのダイアモンドをバッグの中に入れ始めました。

スーザンがこれをちょうどし終えたときにお母さんが部屋に入ってきました。

「何をしているの，スーザン？」とお母さんが言いました。スーザンは驚いて，「何も！」と言いました。

「本当に？ とてもうれしそうな顔をしてるわよ。何かあったの？」とお母さんが言いました。

「知らない！」とスーザンが言いました。お母さんはそのとき，そのプレゼントについては何も知りませんでした。

夕方になって，スーザンは夕食のために階段を下りました。スーザンは両手にプレゼントを握って，お母さんのところに行きました。

「お誕生日おめでとう，ママ！」と彼女は言って，手を開きました。「お母さんのためにこれらの全部のダイアモンドを集めたのよ！」

スーザンのお母さんはスーザンの小さな手の中の小さな粒を見ました。もちろんそれは本物のダイアモンドではありませんでした。でもお母さんは，それは本物のダイアモンドよりも美しくまた貴重だと思いました。

「スーザン，とても，とってもうれしいわ。本当にありがとう」お母さんは笑顔を浮かべながら言いました。

この笑顔のおかげで，スーザンもとてもうれしくなりました。

⑤ 物語②

⑤-1 ６時に起こして　　　P.70・71

STEP1-3 の解説

② **fish**：名詞の fish の複数形は同じ形の fish になる。

⑥ **put**：過去（分詞）形も put。

⑭ **wake（〜）up**：wake 〜 up で「〜を起こす」，wake up で「起きる，目を覚ます」の意味。

・その他・

● **go fishing in the river**：「〜につりに行く」は go fishing in[at] 〜で表す。go fishing to 〜 とはしない。

● **catch**：「つかまえる」の意味。過去（分詞）形は caught。

● **a piece of paper**：paper は数えられない名詞なので，「１枚の紙」というときは a piece [sheet] of paper という。

● **get out of 〜**：「〜から出る」の意味。got は get の過去形。

P.71の解答

答 (1) ❶　あなたには毎日しなければいけない宿題がたくさんあります。

❷　（私は）母に私を６時に起こしてくれるように頼んでみましょう〔頼んでみるつもりです〕

(2) ❸　オ　❹　イ

考え方💡 (2) 全訳下線部参照。

・全訳・

　グレッグは魚つりが大好きで，よく家の近くの川に行きます。暗くなるまでつりをすることもあります。お母さんは，これがいやで，よく彼に「あなたは毎日しなければいけない宿題がたくさんあるのよ。もっと勉強に時間を使わなければだめよ」と言います。

　ある土曜日の午後，グレッグは家の近くの川につりに行きましたが，１匹も魚をつることができませんでした。彼はしばらく考えてから，翌朝早くに別の川に行こうと決めました。「お母さんに６時にぼくを起こしてくれるように頼もう」と彼は心の中で思いました。

　家に帰ると，また彼が夕食に遅れたのでお母さんはとても怒っていました。そういうわけで，グ

レッグはお母さんに自分の計画を言うことができませんでした。寝る前にグレッグは紙に次のように書きました。『お母さん，<u>あすの朝６時にぼくを起こしてください —— グレッグより</u>』，そしてそれを自分の部屋のドアにはりつけておきました。

　翌朝グレッグが目を覚ますと，もう７時でした。ベッドから出ると，ドアの上の紙を見つけました。彼はその言葉を読みました。『グレッグ，<u>起きなさい，もう６時ですよ —— 母より</u>』

⑤-2 早起きは三文の徳　　　P.72・73

STEP1-3 の解説

① **hard**：８行目，12行目の hard(er) は「一生けんめいに」の意味の副詞。

⑫ **promise**：「約束」という名詞としても使う。

⑮ **worm**：青虫やミミズのようなものを指す。「昆虫」は insect といい，worm ではない。

・その他・

● **〜 called ...**：「…と呼ばれている〜」。関係代名詞で表すと a sister who was called Kathy。

P.73の解答

答 (1) ４人　　(2) イ

(3) そこで彼女は，彼の父親に彼と話し合ってくれるように頼みました。

(4) 早起きしたので，彼は鳥にとらえられてしまいました〔つかまってしまいました〕。

考え方💡 (1) ８歳の妹 Kathy がいることに注意。

・全訳・

　ジミーは10歳で，キャシーという妹がいました。彼女は８歳でした。彼女はいい生徒でした。彼女はいつも学校から帰るとすぐに勉強をして，それから友だちと遊ぶために出かけました。ジミーもそうでした。

　しかし，少し前に彼は変わってしまいました。学校から家に帰ったあとまったく勉強しませんでした。遊びに出かけることもなく，自分の部屋でテレビゲームをしていました。彼は夜遅くに寝て，朝遅くに起きるのでした。

　ある日の午後，ジミーが帰宅したとき，お母さんが彼に言いました。「テレビゲームをする前にもっと一生けんめいに勉強して，夜は早く寝なさい」。しかし，彼はお母さんの言うことを聞きま

せんでした。そこで彼女は，ジミーと話し合ってくれるように彼の父親に頼みました。

ある日の夕方，お父さんは彼に，もし若いころから一生けんめい勉強しないと人生でつらい目にあうよ，と言いました。そして，「遅くまでテレビゲームをしてはいけないよ。朝は早く起きなさい。古いことわざにも『早起きの鳥は虫をつかまえる〔早起きは三文の徳〕』とあるだろう。わかったかい，ジミー」とも言いました。

「でも，その虫はどうなの，お父さん？」と息子はたずねました。「虫は早起きしたから鳥にとらえられたんだよ。ばかだったんだ。ぼく，間違ってる，お父さん？」「ジミーよ」お父さんはほほえみながら答えました。「あの虫は夜寝なかったんだ。家に帰る途中だったんだ」

ジミーは何も言うことができませんでした。そして，よい子になると約束しました。

⑤-3 夢の中で　　　　　　　P.74・75

STEP1-3 の解説 ‥‥‥‥‥‥‥‥

❷ be going to ～：状況から見て「～しそうだ，～になりそうだ」の意味にも使う。ただし，4行目，5行目の be going to ～ は「～するつもりだ，予定だ」の意味。

⑬ be fond of ～：～には名詞相当語句がくるので，動詞がくるときは動名詞（～ing 形）にする。

・その他・

● **get up**：get up は「起床する」こと，wake up は「目を覚ます」ことを表す。

● **We're going to go to the ...**：be going to のあとに続く語が go や come など往来発着を表す語のときは，We're going[coming] to the ...のように表すことも多い。

▶▶▶ P.75の解答

答 (1) **teeth**

(2) ❷ **breakfast**　❸ **by**

(3) **dreamed, aquarium**　　(4) **イ**

考え方 (1) tooth の複数形は teeth。同じような変化をするものには，foot（足，フィート）→ feet，goose（ガチョウ）→ geese などがある。

(2) ❸ 交通手段を表す by を使う。by のあとの名詞に a も the もついていな

いことにも注意。

(4) スティーブの夢の中にいたのだから，お母さんは，見て知っているはずだ，と考える。

◇・全 訳・◇

4月のある日曜日の朝のことでした。ロビンソンさんは窓を開け外を見てにっこりして「今日はすばらしい天気になりそうだわ」と言いました。

8時30分になって，彼女は5歳の息子を目覚めさせて，「起きなさい，スティーブ。今日は水族館に行くわよ。急いで手と顔を洗って，歯をみがいてから朝食を食べなさい。バスでシアトルまで行くのよ」と言いました。

スティーブは，魚や海の動物を見るのが大好きで，またバスに乗るのも好きだったので，とてもうれしくなりました。彼は「ママ，昨日の夜ね，水族館の夢を見たんだよ」と言いました。

お母さんは急いでいましたが，立ちどまり，小さな息子のほうを向いてほほえみました。「そうだったの，スティーブ？　それで，あなたは夢で，水族館の中でどんなことをしたの？」と言いました。

スティーブは笑って答えました。「ママ，知ってるでしょう！　ママは夢の中でぼくといっしょに水族館にいたんだよ」

⑤-4 大事なもの　　　　　　P.76・77

STEP1-3 の解説 ‥‥‥‥‥‥‥‥

❷ few ～：数えられる名詞について「ほとんど～ない」の意味。a few ～で「少数の～」の意味。数えられない名詞には little を使う。

❸ woman：複数形は women[wímin]。

❺ hand：動詞で〈hand ～ ...〉で，「～に…を手渡す」の意味。

・その他・

● **driver**：「運転手」の意味。drive（運転する）からできた語。

● **No name or address**：no ～ or ...で「～も…もない」の意味。

▶▶▶ P.77の解答

答 (1) 雨の日だったから。　(2) これは彼女にとって大切な〔大事な〕ものにちがいない。　(3) お年寄りの女性を探して写真を返すこと。

(4) (a) took　(b) standing

考え方💡 (4) (a) 英文4～5行目参照。
　　　　　　(b) 第2段落の最後の文を参照。

◆ ・全訳・ ◆

　雨の降るある日曜日の午前中のことでした。タクシー運転手のジョージはほとんどお客さんがいませんでした。午後になって，1人のお年寄りの女性が川沿いにやって来ました。彼女はジョージを見て言いました。「タクシー！　私をセントラル劇場まで連れて行ってくれませんか」。「はい，承知いたしました。歩くような日ではないですからね！」と彼は言いました。

　途中でそのお年寄りの女性は，自分の夫について語り始めました。「私の夫はね」彼女は言いました。「音楽が大好きだったの。それで私たちはよく日曜日にはセントラル劇場の音楽会に行ったのよ。でもこの前の11月に亡くなったの。今は私ひとりなの」。彼女はジョージに，彼女と夫が写っている写真を手渡しました。彼らは自分たちの家の前に立っていました。

　その日の夕方，ジョージがタクシーのそうじをしているとき，うしろの座席でその写真を見つけました。「これは彼女にとって大事なものにちがいない。彼女を探し出して写真を返さなくては」と彼は思いました。それには名前も住所もありませんでした。彼は自分の考えをほとんどあきらめかけていました。突然彼は写真に橋があることに気がつきました。彼はその橋をよく知っていました。

　ジョージは車にとび乗って車をスタートさせました。

⑤-5　ペンギンのジョー　P.78・79

STEP1-3 の解説

7 **sea**：see（見える）と同じ発音。

◆ ・その他・ ◆

● **warmer and warmer**：〈比較級 and 比較級〉で「ますます，だんだん」の意味を表す。

▶▶▶ P.79の解答

答 (1) want to go and live there　(2) とても暑かったので，彼のボートがとけ始めました。
(3) その島は，彼が家に持っていた写真の島の1つとそっくりでした。

(4) He had to swim in the sea.

◆ ・全訳・ ◆

　ジョー少年はほかのペンギンのようではありませんでした。ほかのペンギンはみな寒い島での生活を好みましたが，ジョーはそうではありませんでした。みんなは氷の上でスキーやスケートを楽しみましたが，彼はいつも家にいました。彼の部屋のかべには暖かい緑がいっぱいの島の写真がたくさんはってありました。ジョーはそれらを見るのが好きでした。「そこに行って住みたいなあ」と彼は写真を見るといつも思いました。

　ある日彼は暖かい緑いっぱいの島に向けて家を出る決心をしました。彼がこの計画をほかのペンギンに話すと，彼らはとても驚いて言いました。「頭が変になったのかい，ジョー。ここを出て行くべきじゃないよ」

　ジョーは氷で大きなボートをつくり，出発しました。彼はどんどん航海を続けました。だんだん暖かくなって，彼はとてもうれしくなりました。しかし，ある日彼は困った状況にあるのがわかりました。とても暑いので，ボートがとけ始めたのでした。とうとうかわいそうにもそのペンギン（ジョー）は海を泳がなければなりませんでした。彼は必死に泳いで，間もなくある島に着きました。

　その島は，彼が家に持っていた写真の島の1つとそっくりでした。彼はその島での新しい生活がとても気に入りました。ジョーは変なペンギンでしたね。

⑤ まとめのテスト①　P.82・83

1 答 (1) ときどき　(2) 急いで，速く
(3) 乗客　(4) 約束する
(5) もう1つの，別の　(6) 乗る
(7) 劇場　(8) 氷　(9) green
(10) river　(11) bridge　(12) window
(13) fish　(14) face　(15) stop
(16) husband　(17) concert　(18) dark

2 答 (1) sea　(2) woman　(3) teeth
(4) wrote　(5) wrong[left]　(6) hot

3 答 (1) He has few friends in this town.
(2) Why did you go to bed so early?

考え方💡 (1) few ～で「ほとんど～ない」。
　　　　　　(2) go to bed で「寝る」。

4 答 (1) (a) boy (b) man (c) *kappa*

(2) ❶ 私と力くらべをしませんか。

❷ 馬はとても速く走ったので，男の子はすぐに疲れてしまいました。

❸ お前が今すぐにこの池を立ち去るなら，許してやろう。

考え方💡 (1) (a) 1〜3行目に注目。 (b) 第2段落に注目。 (c) 14行目に注目。
(2) ❷ so 〜 that ... の構文。➡️*21*

(3) ❷ himself ❹ finished

(4) picture (5) (a) Yes, was

(b) Yes, did (c) one[a] picture

(d) talked, phone

考え方💡 (5) (a) 2〜3行目参照。
(b) 15〜16行目参照。
(c) 13〜15行目参照。only one でもよい。
(d) 17〜19行目参照。

・全訳・

ずっと以前のこと，ある小さな村にこじんまりとした池がありました。神賀池(かみがいけ)という名前でした。そしてその池のそばに大きな石がありました。小さな男の子がよくその石の上に立って，通りがかる人に「ぼくと力くらべをしようよ」と言いました。その多くの人が立ちどまって力くらべをしました。男の子はたいそう強くて，彼らは池の中に引きずりこまれてしまいました。男の子にはとても楽しいことでしたが，人々はうれしくありませんでした。間もなく，人々はその男の子が実際は何者なのかを知りたいと思いました。「あれは池に住んでいる河童(かっぱ)なんじゃないか」という人もいました。

ある若者がこれを聞いて，その男の子と力くらべをしに行こうと言いました。彼は馬に乗って，その石のそばを通りかかりました。男の子が出てきて，彼に力くらべをするように頼みました。若者は「いいよ」と言いました。彼はまだ馬に乗っていました。彼は男の子と指をからみ合わせました。そして突然彼は馬をけりました。馬は走り始めました。とても速く走ったので，男の子はすぐに疲れてしまいました。「どうか止めてください！」と彼は叫びました。「お願いだ！　ぼくは神賀池の河童です。どうか，どうか許してください。もう二度とこの池に人々を引きずりこむようなことはしないと約束します」

「いいか！　この池から今すぐに立ち去ればお前を許してやろう」と若者が言いました。河童は逃げ去り，決してもどってくることはありませんでした。

⑤ まとめのテスト② ▷ P.84・85

答 (1) (a) B (b) A (2) エ

・全訳・

「ピート，何をそんなに急いでいるの？」とお母さんがたずねました。「やあ，ママ。魚をとりに湖に出かけるところなんだ。大きな魚を何匹か持って帰れると思うよ。その中からいちばん大きいのをぼくの昼食に料理してくれる？」彼はそうお願いして，家を出ました。

2時間後になってもいまだに1匹も魚はつれませんでした。

「家に持って帰る魚がまったくないや。ママはぼくを笑うだろうか」と彼は心の中で思いました。しばらく考えてから，ほんの少しばかり急いで家のほうに歩き始めました。

家の着いて間もなく，彼は魚の絵を1枚描いて，それをキッチンテーブルの上に置きました。

正午ごろに，お母さんが昼食の用意ができたと言いました。キッチンで彼はお皿の上に1匹の魚の絵を見ました。

「この絵はぼくが描いた絵とはちがっているぞ。これは料理された魚の絵だ！」とピートは言いました。

「その通りよ。あなたがテーブルの上に置いた魚を私が料理したのよ。あなたはつりが得意よね。あなたが絵をかくのも得意だと今わかったわ」とお母さんが言いました。

ちょうどそのとき，隣の部屋で電話の呼び出し音が鳴ったので，お母さんは電話をとるために行きました。彼女が電話で話している間に，彼は絵をもう1枚描きました。長い間話したあと，お母さんがキッチンにもどってきました。

「ピート，もう昼食は食べ終わったの？」とお母さんがたずねました。

「はい，ママ。とてもおいしかったよ」と返事をして，キッチンから出て行きました。

彼女はピートのお皿の上に1枚の絵を見つけました。それは魚の骨の絵で，次のようなことが紙片に書いてあるメモがついていました。「ママ，あなたはすばらしい料理人です」。

6 科学，言語など①

6-1 睡眠について　　P.86・87

STEP1-3 の解説

2 light：形容詞で「軽い」の意味もある。
5 each：代名詞で「それぞれ，めいめい」の意味もある。

・その他・

● **I hear ～**：「～だそうだ，～だと聞いている」の意味。
● **on sleep**：この on は「～について」の意味。about より専門的なことに使うことが多い。
● **It is a message that makes ...**：that は主格の関係代名詞。

▶▶▶ P.87の解答

答 (1) 夜よく眠られず，朝早く起きることができないこと。
(2) 14時間後に眠くなるようなメッセージ。
(3) 9
(4) To have light from the sun in the morning

考え方 (3) 午前7時の14時間後は？
(4) the point = the most important thing と言いかえてみる。

・全訳・

ビル：夜よく眠れず，朝は早く起きられない人が多いそうですね。睡眠の専門家として，私たちにアドバイスをいただけませんか。
ヒル氏：はい。確かに，そういう問題を抱えている人は多いですね。
ビル：どうすればいいのでしょうか。
ヒル氏：まず第一に，朝起きたら太陽からの光を浴びるべきです。これは単純だとあなたは考えるかもしれません。しかし，もしこうするとあなたは夜よく眠れるようになります。その理由は，あなたの「体内時計」が働いているからです。朝起きて太陽光を浴びれば，体内時計があなたの脳にあるものを送ります。それは，約14時間後にあなたを眠くさせるメッセージなのです。たとえば，

朝7時に太陽光を浴びながら起きたとすれば，夜の9時ごろには眠くなるということです。
ビル：でも私たちは，毎日することがたくさんあります。ポイントとなるのはどんなことでしょうか。
ヒル氏：それぞれの活動にはそれに適した時間があるということを知っておくべきでしょう。また，規則正しい生活をすべきでもあります。朝太陽からの光を浴びるということが最も重要です。毎日早起きして，日光浴を楽しみましょう。

6-2 「これ」は何？　　P.88・89

STEP1-3 の解説

11 breathe：名詞は breath で，発音は [bréθ]。
14 help ... ～：～に動詞の原形がくるが，to ～ の形の不定詞になることもある。

・その他・

● **guess what "this" is**：what 以下が〈疑問詞＋主語＋動詞〉の間接疑問の文。
● **stay under water long**：この文の long は「長く」の意味の副詞。

▶▶▶ P.89の解答

答 (1) ❶ 地球上のすべてのものは空気に囲まれています
❸ 水中に空気があるおかげで，魚は水中で生きることができます
(2) ウ
(3) (a) えらがないから。
(b) 水から出てきた空気の小さなあわ。

考え方 (1) ❸ this は直前の文の内容を指す。

・全訳・

　「これ」は何かをあててみましょう！　「これ」はあなたや，地球のまわりのあらゆるところにあります。あなたは「これ」なしで生きていくことはできません。毎日「これ」を吸い込んでいます。そうです！　答えは「空気」です。
　地球上のすべてのものは空気で囲まれていると言っていいでしょう。しかし，それを見たりかいだりすることはできません。ふつうはそれを感じることもできません。それが動いているときだけ感じることができます。この動いている空気が風と呼ばれます。
　水の中でさえ空気はあり，このおかげで魚は水

中で生きられるのです。私たちとまったく同じように，魚は生きていくのに空気が必要なのです。彼らは水中に溶けている空気を使います。彼らには，水中で呼吸をするのに役立つえらがあります。私たちにはえらがないので，水中に長くいることができません。だから，私たちは水中へは酸素ボンベを持っていかなければなりません。

水中の空気をふつうは見ることができませんが，時に見えることがあります。水の入ったコップをテーブルの上に1，2時間置いておくと，コップの内側に小さなあわが見えることがあります。それは，水から出てきた空気の小さなあわなのです。

⑥-3 外国語を学ぶ理由 ▷ P.90・91

STEP1-3 の解説 ………………………………

③ talk with ～：同じ意味で talk to ～とすることもある。

⑮ lead to ～：to は不定詞を作る to ではないので，～には名詞（相当語句）がくる，

◆ その他 ◆

● **will be able to ～**：can を未来形にしたいときは will be able to ～とする。

● **books written in ...**：過去分詞 written 以下が直前の名詞 books を修飾している形になる。

● **how different they are from ～**：be different from ～（～とは異なる）を how で始まる間接疑問に使ったもの。

▷▷▷ P.91の解答

答 (1) thought

(2) その外国語を話す人たちと話をすること。 / 外国語で書かれた本を読むこと。 / その言語を理解する友だちに外国語でメールを送ったり手紙を書くこと。

(3) your own culture

◆ 全 訳 ◆

教科の1つとして学校でなぜ外国語を勉強するかについて，あなたはこれまで考えたことがありますか。

もし外国語を勉強すれば，それを話す人たちと話すことができるようになるでしょう。また，外国語で書かれた本を読めるようになったり，その言語を理解する友だちにメールを送ったり，手紙

を書いたりできるようになるでしょう。

もしこのように外国語を使えば，その言語の背後にある文化を理解できるようになるでしょう。たとえば，ほかの生活のしかたや考え方についてもっと学ぶことができます。

ほかの文化をもっと理解するようになれば，あなたは自分自身の文化とそれらがどのように異なるかを見つけるでしょう。そうすると，以前にもまして自分自身の文化についてよりはっきりした考えを持つようになるでしょう。

このように，外国語を勉強するということは自分たちの文化についての理解をさらに深めることにつながるのです。

⑥-4 フードマイレージについて ▷ P.92・93

STEP1-3 の解説 ………………………………

② send：過去（分詞）形は sent。

⑦ distance：形容詞形の distant は「遠い」の意味になる。

⑬ in order to ～：単に to ～とするよりも，目的を強調する言い方になる。

◆ その他 ◆

● **lots of ～**：a lot of ～と同じ意味。どちらも数えられる名詞，数えられない名詞に使える。

▷▷▷ P.93の解答

答 ① エ ② オ ③ イ ④ ウ

考え方 ① 3～5行目参照。 ② 10～11行目参照。 ③ 9～10行目参照。 ④ 12～13行目参照。

◆ 全 訳 ◆

おそらくふだんあなたは，毎日食べている食料についてあまり考えていないでしょう。では，それがどこから来て，どのようにしてあなたのところへ来ているのかちょっと考えてみてください。

多くの食料が多くの国から日本へ来ています。外国からその食料を持ってくるために燃料を使います。燃料を使いすぎることは環境によくありません。

食料が移動する距離は「フードマイレージ」と呼ばれています。フードマイレージは私たちに，食料を外国に送るときにどれくらいの燃料を使うかを教えてくれます。フードマイレージが高ければ，それは環境に悪いということです。下の表から，

日本がほかの国から多くの食料を買っていることがわかります。日本のフードマイレージは他の3国より高くなっています。つまり，日本は環境にやさしくないということを示しています。私たちは，このことについてもっと考える必要があります。

　環境を守るためには，地元〔国内〕で生産される食料を買うというのはよい考えの1つです。そういうわけで，地元の食料を食べて，環境にやさしくなりましょう。

⑥-5 昆虫とは何か　　　　P.94・95

STEP1-3 の解説 ……………………………

7 **insect**：アクセント ínsect に注意。

》》 P.95の解答

答 (1) ❶ discovered　　❸ been

(2) 昆虫はさまざまな場所にすめるということ。

(3) (a) クモは脚が8本だから。(b) 遠くにあるものはよく見えないこと。いくつかの色はわかること。

――――――――・全 訳・――――――――

　地球上にどれくらい多くの昆虫がいるか知っていますか。昆虫の数は世界のあらゆる動物の中で最大であり，多くの新しい種類の昆虫が毎年発見されています。昆虫の中には水の中にすむのもあれば，雪の中にすむ物さえあります。昆虫はいろいろな場所にすむことができます。このことが彼らが非常に長い歴史を持つ理由の1つになっています。彼らは3億年以上に渡って地上に存在し続けているのです。

　では，昆虫とは何でしょうか。昆虫というのは6本の脚を持つとても小さい動物のことです。6本脚の小さな動物がいれば，それを昆虫と呼ぶことができます。クモは8本の脚を持つ小さな動物です。したがってクモは昆虫ではありません。

　昆虫は自分たちから遠く離れたところにあるものはあまりよく見ることができません。しかし，彼らはあるいくつかの色は見ることができます。たとえば，ある昆虫は自分たちが行きたいと思っている花の色を見分けることができます。また，青が好きな昆虫もいれば，赤が好きな昆虫もいます。

⑥ まとめのテスト①　　　P.98・99

1 答 (1) 地球　　(2) 数，数字
(3) 理由，わけ　　(4) 歴史
(5) 持ってくる　　(6) 言語，言葉
(7) 教科，学科　　(8) 送る，届ける
(9) foreign　(10) world　(11) color
(12) kind　(13) animal　(14) move
(15) discover[find]　(16) culture
(17) understand　(18) blue

2 答 (1) sent　　(2) sleepy
(3) tries　　(4) better
(5) written　　(6) hear

3 答 (1) Thanks to your help I was able to finish the work.
(2) You need to hurry in order to catch the train.

考え方 (2) in order to ～で「～するために」。

4 答 (1) (a) in the 1920s
(b) called it "school"
(2) ア × 　イ ○ 　ウ × 　エ ○

考え方 (1) (a) 4～5行目参照。
(b) 11行目参照。
(2) ア 4～6行目参照。　イ 6～8行目参照。　ウ 9行目参照。
エ 13～14行目に注目。

――――――――・全 訳・――――――――

　英語の単語の中にはおもしろい起源をもつものもあります。2つの英単語の歴史を見てみましょう。

　ロボット（robot）という単語が英語にどのように入ってきたかを見るのはとても興味深いことです。その単語はチェコ語のrobota から来たものでした。robota は「強制労働」の意味です。その語は作家のカレル・チャペックによって彼のSF劇の中で1920年代に初めて使われました。また，のちに彼はその語を考案したのは彼自身ではないと言っていることもおもしろいことです。実際に考え出したのは彼の兄でした。彼も作家でしたが，画家としてより知られていました。

　school（学校）は初めは「自由時間」の意味だったと知ってあなたは驚くかもしれませんね。本当の話なのです。何年も前，ギリシアの何人かの若

者が彼らの自由時間を勉強のために使いました。間もなく，勉強のための場所がギリシア語でschool と呼ばれるようになりました。現在でもそうです。それがschoolという英単語の歴史です。

すべての単語はそれぞれの歴史をもっています。古い単語もあれば，新しいものもあります。英単語の歴史についてもっと勉強すれば，それらについてたくさんの新しくておもしろいことを知り，英単語を覚えるのは以前よりも簡単だと思うかもしれません。

6 まとめのテスト② P.100・101

答 (1) ❶ イ ❷ ウ ❹ エ
(2) called (3) 海中へ深くもぐるにつれて水圧が増すこと。(20字) (4) エ
(5) ① カ ② イ ③ ア ④ エ

考え方 (4) 長い主語のあとで区切る。

・全訳・

あなたは海についてどんなことを知っていますか。あなたがたのほとんどはその中で遊んだことがあります。太陽がその上に輝いているときはとてもきれいに見えることを知っていますね。また，天候がひどいときは危険だということも知っていますね。それについてほかにどんなことをあなたは知っていますか。

海はとても広いです。世界地図を見ると，世界の約75パーセントが水であるとわかります。陸地よりも海のほうが広いのです。

海はまたある場所ではとても深くなっています。日本の近くの海で特別な地域があります。そこでは約11キロメートルの深さがあります！世界で最も高い山は約9キロメートルです。もしその山を海のその場所に置けば，山の上にまだ2キロメートルの水があることになります。

海には塩分が含まれているということも知っていますね。死海と呼ばれている海はあまりに塩分が濃くて泳いでいる人は沈むことができません。魚も死海にはすむことができません。

海のほとんどの部分には多くの魚がおり，植物があります。海水面近くにすむものもいれば，海深くにすむものもいます。海中をただよう無数の生き物もいます。これらの漂流生物はとても小さいのです。見ることは困難です。多くの魚は，こ

うした小さい生き物を食べて生きています。

海のある部分はとても冷たくなります。海深くにもぐるダイバーは，このことを知っています。海水面近くでは海水は暖かいかもしれません。ダイバーがもぐるにつれて，海は次第に冷たくなります。

別なことも起こります。ダイバーが深くもぐるにつれて，ダイバーにかかる水圧が増します。安全のために，ダイバーは特別な種類のダイビングスーツを身につけなければいけません。ずっと深いところに行きたい人は非常に頑丈な潜水艇を使わなければなりません。

7 科学，言語など②

7-1 色について P.102・103

STEP1-3 の解説

❶ **Here is ～.**：～にくる語が複数形なら Here are ～. となる。

❻ **light**：traffic lights で「(交通)信号機」の意味。

▶▶ P.103の解答

答 (1) ⓒ (2) used (3) ア (4) エ

考え方 (1) 疑問文が続いている個所。

・全訳・

1つ質問があります。赤，黄色それに緑の色は何のためのものでしょうか。そうです。それらは交通信号のためのものです。同じ色が世界中の交通信号に使われています。赤信号を見たらあなたは止まらなければいけません。遠くからだとほかのどの色よりも人々は赤が見分けやすいのだと科学者は言っています。

もう1つ質問があります。日本語で緑の信号をどう呼んでいますか。多くの日本人は「青」と呼んでいます。「青」はふつう blue の意味ですが，「青」は時に別な色，つまり緑を指すこともあります。

こういったことはおもしろいと思いますか。もしそう思うなら，あなたはこの本を読むべきです。この本はあなたに色についてたくさんのことを教えてくれるでしょう。

STEP1-3 の解説

④ **poor**：反意語は rich（金持ちの）。

⑩ **mean**：過去（分詞）形は meant[mént]。

・その他・

● **1997**：西暦は原則として二桁ずつ区切って読むので，nineteen ninety-seven と読む。

● **built**：build（建てる）の過去形。

● **the poor**：「貧しい人々」の意味。〈the ＋形容詞〉は〈形容詞＋ people〉の意味を表す。

≫ P.105の解答

答）(1)　私たちは「空腹だ」ということは何を意味するのか知っているのでしょうか。

(2)　(a)　eighty-seven[87]（years old）

(b)　met her on a street in India

(c)　see (that) she was really hungry

(d)　was afraid (that) she would be hungry again

考え方💡(2)　(a)　テレサが亡くなった年齢は？

(b)　テレサが小さな女の子と会った場所は？

(c)　テレサが女の子の顔から読み取ったことは？

(d)　女の子はなぜパンを全部食べなかったのか？

・全訳・

　マザー・テレサは，1997年9月7日に亡くなりました。87歳でした。50年以上にわたって，彼女は世界の多くの貧しい人たちに愛と希望を与えました。ここに彼女についてのお話があります。

　ある日，彼女はインドの通りで小さな女の子と会いました。その女の子はほんの6歳でした。彼女の顔から，マザー・テレサは彼女は本当に空腹なのだとわかり，そこで彼女はパンを少しあげました。女の子はそれを食べ始めましたが，ほんの少ししか食べませんでした。マザー・テレサは「どうしてパンを全部食べないのですか」と言いました。女の子はテレサを見て言いました。「このパンを食べたあとにまた空腹になるのがこわいのです」。マザー・テレサは，「私たちは『空腹だ』ということは何を意味するのか知っているのだろうか」という質問をするときに，この話をしばしば語ったものでした。

　彼女は，世界の200の都市に貧しい人々のための福祉施設を作り，また，120の福祉施設に住む7,000人ほどの子どもたちのためにも働きました。テレサは1979年にその働きに対してノーベル平和賞を授けられました。

STEP1-3 の解説

⑨ **desert**：アクセント désert に注意。desért とすると別の語になってしまう。

・その他・

● **cut down**：「〜を切り倒す」の意味。

≫ P.107の解答

答）(1)　エ　(2)　❷　イ　❸　エ　❹　ウ

(3)　ウ

考え方💡(1)　fly（飛ぶ）とあるから飛行機。

(2)　❸　look like 〜「〜のように見える」

・全訳・

　アフリカや南アメリカの中央部を飛行機で横断すると，何千キロにもわたる森林の上空を飛ぶことになります。これらの広大な森林は木の海のようなものです。ここは無数の種類の異なる植物や動物たちでいっぱいです。

　しかし世界の森林は常に狭くなり続けています。木材が必要なので，またもっと農地が必要なので木を切り倒しています。森林はすぐにまったく残らなくなってしまうと言う人もいます。森林が消えてしまったらどうなるのでしょうか。

　もし私たちが森林を切り倒してしまうと，多くの動植物がこの世から消えてしまいます。多くの場所で新しい農地は古い砂漠に似てくるでしょう。そこでは農作物は育ちません。雨もそれほど降りません。天気はとても暑くなり，世界の気候は変化するでしょう。これは世界のだれにとっても危険なことになります。ですから，私たちは森林を大事にすることがとても重要なのです。

STEP1-3 の解説

⑪ **married**：marry（結婚する）の過去分詞形を形容詞として使ったもの。

● **each other**：「お互い(に)」の意味。

>>> **P.109の解答**

答 (1) 多くの人々が，女性は家にいるべきだと考えていたこと。　女性がつける職業はあまり多くなかったということ。　(2) ❷　woman　❹　child　(3)　洗たくや料理や子どもの世話をすること。　(4)　男性と女性が家庭でお互いのために何ができるかを話し合うこと。

・全訳・

　何年も前には，女性が家庭の外で働くことは難しいことでした。多くの人は，女性は家にいるべきだと考えていました。また，女性がつける仕事はそれほど多くありませんでした。

　今日（こんにち）では，女性はいろいろな種類の仕事につくことができます。ますます多くの女性が，ただ会社員としてだけでなく，医者や技師やまた，バスの運転手になってきています。しかし，結婚している女性にとっては，家庭外で働くということはいまだに難しいことです。彼女たちは家でしなければならないことがたくさんあります——洗たくや料理や子どもたちの世話です。しかし，女性にこうしたすべてのことや労働を頼んでおいていいのでしょうか。

　家庭で男性が女性のためにできることはたくさんあります。台所で手伝うことができます。小さな子どもたちの世話をすることもできます。このようにして，男性は結婚している女性が外で働く手助けをすることができます。まず最初にしなければいけないことは，男性と女性が家庭でお互いのため何ができるかを話し合うことです。

⑦-5　わが家へ　　P.110・111

STEP1-3 の解説

❷ **half**：〈half the ＋名詞〉の語順になる。

❸ **map**：本の形になっている地図は atlas〔ǽtləs〕という別の語を使う。

>>> **P.111の解答**

答 (1) ❶　数週間後に，彼女の昔の隣人はそのネコがドアのところにいるのを見つけて驚きます。
❷　多くの鳥は冬にそなえて南へ飛ぶとき迷うことなく長い距離を旅〔移動〕します。
(2) (a) ウ　(b) エ

・全訳・

　あなたは今までにこんな話を聞いたことはありますか。ある女性がネコといっしょに新しい町へ引っ越します。数週間後に，かつての隣人がそのネコが戸口のところにいるのを見つけて驚く。ネコは自分で家に帰る道程を見つけたのです。

　トムほどの距離を旅した動物は多くはいません。トムはオーストラリアの犬で，家に帰るのに1,600キロを旅しました。アメリカのネコのサムは1991年にトムよりも800キロ多く旅しました。日本では，犬のタローがサムの距離の半分を旅しました。彼らは頭の中に，地図，羅針盤，あるいは GPS を持っているのでしょうか。

　ネコは体内に何か磁石のようなものを持っていると科学者は信じています。また，伝書バトも同じようなものを持っていると信じています。いつも家に帰ることができるので「帰宅」バトと呼ばれています。冬にそなえて南へ飛ぶとき，多くの鳥は迷うことなく長い距離を旅します。彼らは進む道を見つけるのに地球の磁力線にしたがっているのです。

⑦ まとめのテスト①　　P.112・113

1答 (1) 話，物語　(2) 隣人，近所の人
(3) いろいろな　(4) 消える　(5) 仕事
(6) 飛ぶ，飛行機で行く　(7) 森林，森
(8) パン，食パン　(9) question
(10) hope　(11) map　(12) kitchen
(13) body　(14) plane　(15) plant
(16) doctor　(17) again　(18) hungry

2答 (1) children　(2) poor
(3) gave　(4) women
(5) color　(6) difficult[hard]

3答 (1) I take care of more than ten dogs.
(2) I was so busy that I asked him to help me.

考え方 (1) take care of ～と more than ～を使う。
(2) so ～ that …と ask … to ～を使う。

4答 (1) 1840 年に世界で最初の切手がイギリスで作られたということ。
(2) ア

(3) 切手に描かれている美しい絵を見るのが楽しいから。／（有名な人や場所，特別な出来事などの）絵からたくさんのことを学ぶのが楽しいから。　(4)　name

考え方💡　(1)　that は前の文全体を指す。
　　　　(2)　空所のあとが理由を表していることに注目する。

・全訳・

　手紙を出すためには何をする必要があるでしょうか。切手を買って手紙にはらなければいけません。しかし昔は切手がありませんでした。手紙を送るときは，だれかに頼んで手紙を運んでもらわなければなりませんでした。最後に手紙を受け取った人がお金を払ったのです。

　1840年に世界最初の切手がイギリスで作られました。そのあとは手紙を送ることがより簡単になりました。切手が手紙を送るためのお金をすでに払ったということを示しているので，人々は手紙に切手をはりつけるだけでよかったのです。そのとき以来切手は世界中に普及しており，多くの種類の切手が現在も作られています。日本では好みの写真やメッセージつきの自分自身の切手を作ることができます。

　インターネット上では，世界中の多くの美しかったり興味深い切手が多数見つかります。切手収集が好きな人たちはおおぜいいます。そういう人たちは手紙を送るのに切手を使いません。切手は絵本のようなものだと考える人も彼らの中にはいます。彼らは切手の美しい絵を見て楽しみます。また，有名な人や場所，特別な出来事などの絵柄から多くのことを学んで楽しみます。

　切手についてのルールがいくつかあるということを知っていましたか。その1つは，切手には国の名前が示されていなければならないということです。そういうわけですから，日本では Nippon という語が切手についています。しかし，切手に国名を書いたことのない国がたった1つだけあります。それはイギリスです。自分たちの国で最初の切手が作られたので，自分たちは特別だとイギリスの人たちは考えているのです。

⑦ まとめのテスト② ▶P.114・115

答　(1)　(a)　ウ　　(b)　キ　　(c)　オ

(2)　エ　　(3)　ウ　　(4)　イ

考え方💡　(1)　(a)　西へ時間帯を4つ超えると，時計を4時間もどす。　(b)　時間帯を1つ超えて東へ進むと，その分1時間時計を進める。　(c)　東へ進んで日付変更線を越えると前日にもどる。
　　　　(4)　イは第3段落 You can ... の内容。

・全訳・

　長距離を飛行機で飛んだあとには，具合が悪くなったり，時には食事や睡眠に問題が起こることがあるかもしれません。こうした障害は時差ぼけに起因するものです。時差ぼけは，いくつかの時間帯を超えて，東から西へ行ったり，あるいは西から東へ行くときに起こります。北から南へ飛んだり，南から北へ飛んだあとには時差ぼけは起きません。

　世界には24の時間帯があります。西へ行くときは，横切る時間帯ごとに1時間時計をもどします。東へ行くときは，1時間進めます。どこかの国へ旅行するときは，あなたはふつう新しい時間に腕時計を調整しなければなりません。同時にまた，あなたの体の中にある「時計」も合わせなければいけません。この「時計」が食べるべき時間とか眠るべき時間を決めているのです。あなたの腕時計の時間を合わせるのはきわめて簡単ですが，体内時計を合わせるにはしばらく時間がかかります。

　時差ぼけには強力なものもあれば，そうでないものもあります。なぜでしょうか。時差ぼけを研究している科学者は，時差ぼけの要因はいくつかあると言っています。要因の1つに，横切る時間帯の数があります。横切る時間帯が多ければ多いほど時差ぼけがひどくなります。さらにもう1つの要因が方角です。西から東へ飛ぶよりも，東から西へ飛ぶほうが簡単に体を調整することができます。東から西へ日付変更線を横切るとき，1日先に進みます。西から東へ横切るときは，1日もどります。

　時差ぼけは多くの人が経験していますが，それに対してどうすればいいかについて知る人はほとんどいません。時差ぼけをなくしたいなら多くの水分をとり，飛行機で1時間ごとに動きまわればいいでしょう。時差ぼけについてアドバイスしてくれる本も見つけることができます。時差ぼけに

注意して，楽しい旅をしてください。

総合テスト ❶ 〉 P.116・117

答 (1) wrote　(2) ア　(3) イ
(4) イ　(5) この質問〔問い〕は難しすぎて私は答えることができません。　(6) ウ
(7) エ　(8) イ，オ　(9) ウ

考え方💡 (6) every なら単数形が続く。
(7) after dinner，dark などから考える。

◆ 全 訳 ◆

先月私は雑誌でおもしろい手紙〔投書〕を読みました。それはアメリカ人の学生によって書かれたものでした。その手紙で彼は次のように言っています。「私はあなたがたの国でとても楽しい時間を過ごしました。日本を訪れたのは今回が初めてで，3週間滞在しました。日本では多くのことを楽しみました。でも，日本の人たちが何よりも好きになりました。みんなとてもやさしくていつも私を助けてくれました。ある日，夕食後に出かけたとき，道に迷ってしまいました。もう暗くなっていました。ホテルへどうやって帰ればいいかわかりませんでした。私は若い男の人にホテルへ行く道をたずねました。彼は自宅へ帰るところでしたが，親切にも私といっしょにホテルまで行ってくれました。とてもうれしかったです。日本人はとても親切なのだと私は思います。またこのすてきな国に来られたらいいなと思います」

数日前，同じ雑誌で別の興味深い手紙を読みました。それは日本語が話せない日系アメリカ人によって書かれたものでした。彼女は祖父母の国を見るためにやって来たのでした。手紙で彼女は次のように言っています。「私は二度と日本を訪れたいとは思いません。日本には初めてなので，頻繁に道をたずねなければなりませんでした。私が道をたずねた人の中には私をまったく助けてくれなかった人もいます。彼らは『どうしてあなたは日本語が話せないのですか』と言いました。これを聞いて私は悲しくなりました。日本人は外国人にとても親切だと多くの人が言っています。でも，自分たちと同じように見えない外国人だけに親切なのです」

私はこれらの手紙を読んで，「日本人は外国人に親切なのだろうか，あるいは親切ではないのだ

ろうか」と考えました。この質問は難しすぎて私には答えることができません。でも1つだけ私に言えることがあります。私たちはすべての外国人に親切にしなければいけません。

総合テスト ❷ 〉 P.118・119

答 (1) ウ
(2) ❷ many people live〔many people are there〕
❹ I can visit Canada〔to visit Canada〕
(3) エ
(4) (a) in the big cities near the United States　(b) about three million (lakes)
(c) speaks English (at school)
(5) ア × イ × ウ ○ エ ○

考え方💡 (2) ❹ Canada は your country でもよい。
(4) (a) 6〜7行目参照。
(b) 16〜17行目参照。
(c) 23行目参照。

◆ 全 訳 ◆

健治は，カナダからの新入生リズと話しています。

健治：ほら！　あなたの国カナダの地図を持っているよ。カナダはとても大きな国なんだね。

リズ：その通りよ。カナダは世界で2番目に大きな国だということを知ってた？　ということは，カナダはアメリカ合衆国より大きいってことなのよ。

健治：わあ，知らなかったよ。カナダにはどれくらいの人が住んでいるんだい？

リズ：およそ3,700万，あるいはそれ以上ね。そのほとんどの人が，アメリカに近い大きな都市に住んでいるわ。ほら，私たちの国の冬はとても長くて寒いでしょう，だから北のほうに住むのはたいへんなの。

健治：地図上に国のいたるところに湖のようなものがたくさん見えるよ。これ全部湖なの？

リズ：そうよ。カナダには本当にたくさんの湖があるのよ。いくつ湖があるかあててみて！

健治：ええと…1,000くらい…，それとも2,000くらいかな？

リズ：ちがうわ！　聞いて驚かないでね。私たちの国には約300万の湖があるのよ！

健治：300万！　信じられないよ。

リズ：もちろん大きいのもあれば小さいのもあるわ。北のほうには人々がまだ訪れたことがない湖も多数あるの。カナダは「湖の国」と呼べるわね。

健治：あなたの国では英語とフランス語の両方が話されているって学校で習ったんだ。きみはフランス語も話すの？

リズ：ええ，話すわ。家ではフランス語を，学校では英語を話すのよ。英語は私の第二言語なの。

健治：なんておもしろいんだろう！　いつかカナダを訪れられたらいいな。

リズ：きっとカナダが気に入るわよ。

総合テスト ❸　P.120・121

答 (1)　ⓐ **オ**　ⓑ **ウ**　ⓒ **エ**

(2)　a smile　(3)　I ask my students a question[some questions]

(4)　**エ**　(5)　**ア, キ**

考え方 (4)　これに続く文の内容から考える。

(5)　ア　英文2～4行目の内容。

キ　第4段落の，第1文と第2文の内容。

◆全訳◆

　ほほえみは人生でとても大切なことです。私たちはみなほほえみを必要とし，またみなほほえみを欲します。私たちはまたほほえみを与えるべきですが，時にそれを与えることがとても難しいときがあります。疲れているとき，怒っているときや悲しいとき，ほほえむのは難しいことです。

　日本人は何を答えていいかわからないときに本当によくほほえみます。私が生徒たちに質問をして彼らが答えられないときに，彼らはほほえみます。ときどき私はデパートに行って店員に英語で何かを頼むことがあります。店員はほほえむばかりで答えはありません。

　時には日本人がほほえまないときにアメリカ人がほほえむこともあります。たとえば，日本のレストランではウエイターやウエイトレスはほほえみません。日本のウエイターやウエイトレスはおじぎをします，深くおじぎをします。しかしアメリカでは，ウエイターやウエイトレスはほほえみます。彼らはほほえんでから「いらっしゃい」と言います。それからもう一度ほほえみます。

　アメリカ人は知らない人にもほほえみます。こ

うしてほほえむことで，自分たちは友好的であることを示しているのです。ふつうは日本人は知らない人にほほえみません。日本人の友人とホテルのロビーにすわって別の友人を待っていたとき，アメリカ人の小さな集団がロビーに入ってきて私たちに向かってほほえみました。私もほほえみましたが，友人の日本人はほほえみませんでした。彼は「あのアメリカ人たちを知っているのですか」と言いました。私は彼に「一度も会ったことはないですよ」と言いました。友人は「何とも奇妙ですね！　それならなぜ彼らにほほえんだのですか」と言いました。私は「アメリカではほほえむことはよい作法の一部だからです」と答えました。

総合テスト ❹　P.122・123

答 (1)　❶ in　❷ at　❸ Be　❹ lot

(2)　Ⓐ but　Ⓓ later

(3)　ⓐ **イ**　ⓑ **ウ**

(4)　舞台に上がってお母さんの代わりに歌を歌うこと。　(5)　**オ**

(6)　① took　② strong　③ told　④ money　⑤ left　(7)　**ウ**

考え方 (1)　❷　look at ～で「～を見る」。

❸　quiet が形容詞なので，Be で始まる命令文にする。

(2)　Ⓓ　「あとの年に」の意味にする。形容詞 late の比較級 later が適する。

(3)　ⓐ　直前の文を参照。　ⓑ　同じ文の前半を参照。

(4)　直後の文を参照。

(6)　③　tell ... to ～で「…に～するように言う」の意味。

◆全訳◆

　あなたはチャールズ・チャップリンという名前を聞いたことがありますか。喜劇役者として知っている人がいるかもしれませんね。彼の幼い時代の生活はどのようなものだったのでしょうか。

　19世紀も終わろうとするころでした。イギリスにチャーリーという名前の少年が住んでいました。彼が5歳のとき，彼はお母さんに劇場へ連れて行ってもらいました。彼女は毎日舞台で踊ったり歌ったりしていました。

ある夜のこと，彼女は踊り終わって，歌い始めました。彼女はいい声をしていましたが，それほど力強くありませんでした。「もっと大きな声で歌え！」と観客が叫びました。彼女はけんめいにそうしようとしましたが，できませんでした。彼らは彼女をあざ笑い始めました。彼女は歌うのをやめて泣き出しました。

彼女の息子は舞台の近くにすわっていました。彼は母親を助けてあげたかったのですが，どうしていいかわかりませんでした。突然，彼にいい考えが浮かびました。彼は舞台の母親のところに駆けよって，「ぼくがお母さんの代わりに歌います！」と叫びました。

観客たちは彼らの目の前にいる小さな子どもを見て笑いました。でもその中の1人が「静かにしてくれ。彼の歌を聞こうじゃないか」と言いました。

少年は1曲歌い，そして舞台を踊りまわりました。観客たちは大いにそれが気に入りました。彼らは舞台にお金を投げ入れました。少年はそれを見ると，歌うのをやめて言いました。「まずお金をひろいます。それからまた歌います」。彼らは笑い，さらに多くのお金が舞台に落ちてきました。

その夜，小さな少年と母親はたくさんのお金を持って家に帰りました。彼のお母さんは二度と舞台に立つことはありませんでした。しかし，後年，チャーリーは偉大なスターになりました。

2405R3